U0905390

中国传统体育

【彩图普及版】

冯国超 ◎ 著

首都师范大学出版社
CAPITAL NORMAL UNIVERSITY PRESS

序

2008年北京奥运会提出“绿色奥运、科技奥运、人文奥运”三大理念，人文奥运应该是其中的核心理念。为了实现人文奥运的目标，我们要努力把北京奥运会办成世界各民族文化交流的盛会，办成展示中国优秀传统文化的盛会。其中一项重要内容，就是向全世界展示中国传统体育文化的独特精神和魅力。

中国是一个有着五千年文明史的国家，历史上体育运动十分盛行，而且项目众多，涉及领域广泛：既有古老的足球运动——蹴鞠，也有被许多人认为是现代高尔夫球运动鼻祖的捶丸；既有形式独特的跑步运动——走及奔马，也有与现代跳高跳远运动名异实似的逾高超远；既有展示力量的扛鼎、拓关和举石，也有现代相扑运动的前身——角抵；既有对应时节的端阳龙舟、重阳登高、清明秋千，又有娱乐表演的种种球戏和杂技；既有修身养性的各种气功导引术，又有防身健体的摔跤和武术；既有嬉水、马术、射箭等夏季项目，又有冰嬉、滑雪等冬季项目。中国传统体育无疑是世界体育宝库中的一颗瑰宝。

中国传统体育历史悠久、自成体系，有着自身独特的表现方式和文化内涵。它与西方传统体育侧重竞技、重视比赛结果不同，中国传统体育更侧重于健身、娱乐和教化功能，因此中国传统体育大多蕴含着丰富的人文内涵。如投壶是从周代的一种宴饮礼仪发展而来的；唐代的木射与现代的保龄球相似，被击打的木柱上分别用红笔标上仁、义、礼、智、信等正面道德德目，用黑笔标上傲、慢、佞、贪、滥等负面恶行，击中写有红字的木柱者为赢，击中写有黑字的木柱者为输；剑术在中国有悠久的历史，但它作为一种武术项目，主要是用于健身和表演。最典型的是中国太极拳，它由技击演化而来，集武术与导引于一身，融健身与修养为一体，蕴含了中国哲学阴阳合一、动静合一、形神合一等许多重要理念。其他如龙舟竞渡、重阳登高、舞狮子、耍龙灯、荡秋千等等，它们或源于中国历史上的神话传说，或是为了纪念历史上的某位名人，或是出于某种特殊的信仰，这些活动在千百年的发展历程中，积淀了非常丰富的文化意味。

举办现代体育竞赛，当然要讲成绩、比水平，否则体育比赛会失去其应有的魅力，但是，一味地拼体力、讲成绩，忽视运动员的身心协调，也会走向事情的反面。作为一种增进身心健康的活动，体育在人类体质的发展和文明的进步中一直起着特殊而重要的作用，文明的陶冶和精神的培育在体育运动中是不可或缺的。在这个方面，中国传统体育追求身心和谐与注重娱乐性的文化精神是对人类体育文化的重要贡献。在北京奥运会临近之际，向世人全方位展示中国传统体育文化，努力发掘中国传统体育的文化价值，促进西方体育文化与中国传统体育文化的交融，是我们落实“人文奥运”理念的必要工作。

首都师范大学出版社出版的《中国传统体育》一书正逢其时，这本书对中国历史上有代表性的诸多体育运动作了较为全面、系统的介绍，又与现代体育运动作了较好的衔接。我相信它对于普及中国传统体育知识，弘扬北京奥运会的人文奥运理念，会起到积极的作用。

国家体育总局局长
第29届奥林匹克运动会组织委员会执行主席

前 言

从2004年雅典奥运会到2008年北京奥运会，历史为我们作出了一个意味深长的安排：奥运圣火从西方文明的重要发源地传向了东方文明的重要发源地。而作为东西方文明重要组成部分的东西方体育文化，必将不可避免地经历一次巨大的碰撞。那么，这种碰撞将会产生怎样的结果？中国传统体育文化能不能对形成一种全新的、具有世界性的体育文化作出实质性的贡献呢？

要回答这样一个重大的问题，我们必须首先全面审视中国传统体育文化。而正是在这种审视中，我们发现，中国传统体育文化是如此的博大精深，在业已成为当今世界体育文化主流的西方体育文化面前，我们完全可以负责任地说：中国传统体育文化有着极其丰富的内容，而且历史悠久，自成体系；它以迥异于西方体育文化的方式发展、传承，是人类体育文化的杰出代表。

具体说来，中国传统体育文化的特点和魅力主要体现在以下几个方面。

一是现代奥运会的许多正式比赛项目，诸如足球、跑步、举重、游泳、摔跤、击剑、射箭、滑冰等等，其运动形式都可以在中国传统体育中找到，而且有些项目在中国的历史比在西方要长得多。众所周知，足球在中国传统体育中被称为蹴鞠，早在两千多年前的战国时期就已经流行了；摔跤在中国古代被称为角抵，也是早在秦汉时期就已流行的一项运动；射箭的源头可以追溯到远古人类的狩猎活动，在距今两万多年前的山西峙峪人遗址中，已经发现有石制的箭头；扛鼎、拓关、举石都是中国古代的举重运动，只是因为所举物品分别为鼎、关（巨大的城门门闩）、石制品而有不同的名称……这一切充分说明：体育，作为一种人类共同的强身健体运动，并未因东西方所处地域的不同而存在多少差异。

二是中国传统体育中的每一项运动，都有极为丰富的文化内涵。如与现代赛艇运动类似的龙舟竞渡活动，主要源于春秋战国时期，它是为了纪念当时的名人屈原或伍子胥而产生的，数千年来，这项活动在中国历史上一直传承不绝，并且产生了众多的佳话；作为中国传统登山项目的重阳登高活动，其名称源于《周易》，其起源涉及神仙故事，中间又演绎出了插茱萸、赏菊花、吃花糕等民俗活动；源于远古时期狩猎活动的射箭，在西周时发展出仪式复杂的射礼，至明清时则又有射鹄、射钱等不同名目，极大地丰富了人们的业余生活；在中国传统体育中占有极其重要地位的武术运动，更是与医学、养生、舞蹈等结合在一起，成为人类健身运动中一道瑰丽的风景……

三是中国传统体育中的许多项目，都没有像西方体育那样走上纯粹竞技的路子，而是更多地作为一种娱乐活动，在不同的场合进行表演。如剑术在中国有十分悠久的历史，早在战国时期的《庄子》一书中，就有关于剑道的精彩论述，但是，作为体育项目的剑术，却常常是在宴饮场合作为一种助兴表演，而没有发展出西方那种比赛规则谨严的击剑运动；游泳运动在中国一直十分兴盛，而且历代游泳高手辈出，但始终没有演变成有组织的游泳比赛；我国在明末清初时，就已发明了一种称为乌拉滑子的滑冰鞋，但它一直被人们用于冰上游乐嬉戏活动；与现代单杠运动相似，我国在清代也有一种称为杠子的运动，但它主要是人们在传统节日或农闲时节作为杂技项目进行表演……种种情形，使人们极容易想到作为中国古代四大发明之一的火药。中国人发明火药后，主要是把它制成爆竹，用于节日庆典；

而西方人见到火药后，则利用它制作出了威力巨大的杀伤性武器。中国传统体育的这一特点，充分说明中国传统文化是一种讲究内敛、祥和的文化。

可喜的是，正是在对中国传统体育文化精髓的深刻把握的基础上，北京奥组委提出了“人文奥运”的理念，并把它作为北京2008年奥运会区别于以往历届奥运会的一个重要标志。关于“人文奥运”，我们当然可以作出种种复杂的、学理的解读，但是，我们也可以把它简单地理解为：所谓“人文奥运”，就是展示奥运会的文化特色；而作为在中国举办的奥运会，就是要“用中华文明的营养和智能来丰富和发展奥林匹克主义和运动”（北京奥组委执行副主席蒋效愚语），而要达到这一目的，充分挖掘和展示中国传统体育的魅力，就是一个十分重要的课题。设想一下，如果我们在奥运会的志愿者中，甚至在全体国民中普及中国传统体育的教育，如果我们在奥运会的开幕式和闭幕式中把全面展示中国传统体育文化作为核心主题，凭借中国传统体育文化本身所蕴含的巨大魅力，中华民族必将赢得世人更多的关注和尊敬。

彩图普及版《中国传统体育》一书的写作和出版，正是上述种种机缘聚合的结果。该书共分11章，介绍了中国古代的60多种体育运动。对于其中的每一种运动，本书都从其起源、历史演变、人文影响、趣闻轶事等角度加以完整的介绍和全面的阐释，力图做到脉络清晰、准确客观，同时又充满趣味性和可读性。而且，本书对每一种运动，都用丰富的历史资料和精美的图片来加以说明，既使读者对每一种运动的内容、特点一目了然，同时亦可证明它们在中国历史上传承有自，言之非虚。

采用图文并茂、分门别类的方式来全面

展示中国传统体育的内容，这是一种崭新的尝试，正因为其“新”，故难免会存在一些不尽如人意之处：

1. 中国传统体育的内容极其丰富，决不是本书所介绍的区区60多种项目所能囊括的。有许多重要的运动，诸如步打球、踏球、技巧运动等，或囿于篇幅，或因为相关资料不足等方面的原因，没有列入介绍。此外，还有数以百计的中国少数民族体育项目，亦未能在本书中进行展示。

2. 中国传统体育源远流长，项目众多，不少项目具有多种功能，历史上又多嬗变，要对它们一一作出科学、合理的分类，实属不易。如射箭、御车、狩猎等项目，具有军事和娱乐双重功能；投壶、抛堶、打髀殖等活动，既属于投掷项目，又是娱乐活动。本书所采用的分类方式，主要是基于中国传统体育项目本身的特点，但也有使全书体例规范整齐方面的考虑，因此，肯定会有一些值得商榷的地方。

3. 有些运动项目，如马戏、戏法、踏青、鞭春等，并不是现代严格意义上的体育活动，但是，因为考虑到它们所特有的强身健体、开发智力或供人娱乐等方面的功能，也在本书中作了专门介绍。这一点，是特别要向读者进行交代的。

除此之外，在文献资料的运用和图片的采用等方面，由于笔者的水平和视野所限，一些错漏在所难免，对此，望方家们不吝指正。

本书从策划、立项到出版，得到了首都师范大学出版社的大力支持与帮助。王红梅、张朋、张旭东同志为本书的出版做了大量的工作。在此一并感谢！

目录

第八章 145 棋艺

第九章 171 武术和导引

第十章 209 娱乐运动

第十一章 265 节日活动

中国传统体育

第一章 球类运动

蹴鞠
女子蹴鞠
打马球
木射
捶丸

一、蹴鞠

◎现代足球因其对抗性强、参赛人数众多、拥有庞大的观众队伍而有“世界第一运动”之美誉。现代足球诞生于12世纪的英国，然而，早在两千多年前的战国时代，中国人就已经有了足球运动，只不过那时候不叫足球，而叫蹴（cù）鞠，亦叫蹋（tà）鞠。蹴和蹋都是踢的意思，而鞠就是球，因此，无论是蹴鞠还是蹋鞠，意思均是踢球。

···元代钱选（1235—约1301年）绘制的《蹴鞠图》，图中人物分别为宋太祖赵匡胤、赵光义、赵普、郑恩、楚昭辅、石守信

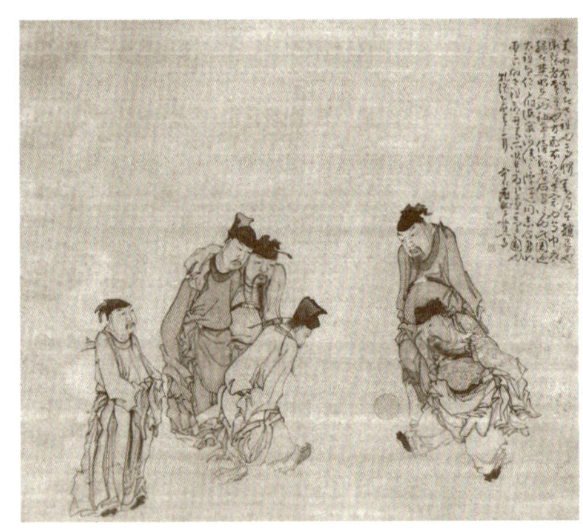

···《蹴鞠图》，选自《中国传世名画》，描绘了宋太祖赵匡胤正在与他的五位臣子蹴鞠的情形

⋯河南南阳出土的汉代(前206—公元220年)画像石中的蹴鞠图（之一）

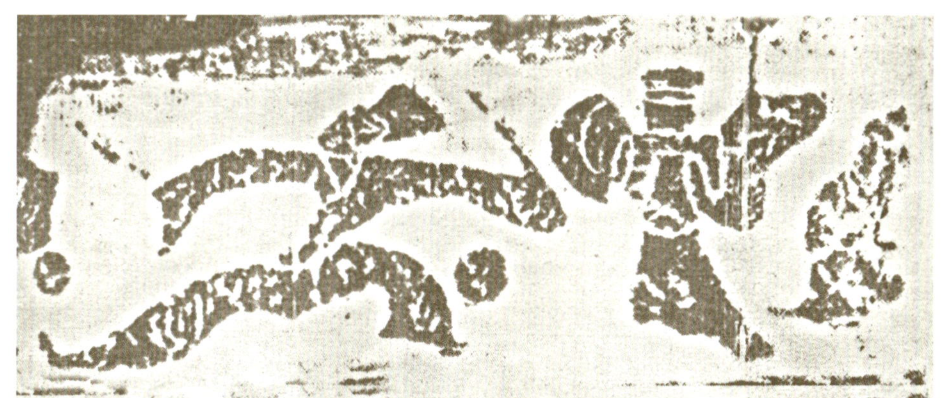

⋯河南南阳出土的汉代画像石中的蹴鞠图（之二）

⋯河南登封出土的汉代蹴鞠画像石

…汉代的蹴鞠纹肖形印

1. 蹴鞠的起源

据传，早在距今四五千年前的黄帝时代，中国就已经有了蹴鞠运动，汉代刘向的《别录》和《轩辕黄帝传》对此均有记述，并称当时蹴鞠的目的是为了更好地开展军事训练，选拔人才。如《别录》中称："蹴鞠者，传言黄帝所作，或曰起于战国之时。蹋鞠，兵势也，所以练武士、知有材也，皆因嬉戏而讲练之。"《轩辕黄帝传》也称："黄帝令作蹴鞠之戏，以练武士。"不过，上述说法均系传说，所以只能作为一种旁证。

有确切史料记载的蹴鞠运动产生于战国时期（前475－前221年），对此，《史记》及《战国策》中均有类似记载。如据《战国策・齐策一》，战国时期，辩士苏秦主张六国联合抗秦，为此，他周游列国，游说各国君主。在向魏王游说时，他说："临淄甚富而实，其民无不吹竽鼓瑟，击筑弹琴，斗鸡走犬，六博蹋鞠者。"临淄是当时齐国的首都，说临淄之民"无不……蹋鞠"，可见当时蹴鞠普及的程度。

在此需要加以说明的是，正是基于上述相关依据，国际足联已明确承认：足球发源于中国战国时期的齐国。

2. 从皇宫鞠城到穷巷蹋蹴
——日趋兴旺的汉代蹴鞠运动

汉代是蹴鞠运动发展较快的时期，当时，上自帝王，下至普通百姓，爱好蹴鞠的人极多。据《汉书》记载，汉高祖刘邦就是一位蹴鞠爱好者，他曾在宫中建造规模宏大的蹴鞠场，四周围以高墙，并把它命名为"鞠城”。而东晋葛洪在《西京杂记》中有关汉初蹴鞠运动的记述则更为有趣。书中说，刘邦称帝后，就把自己的父亲接到宫中居住。然而，他的父亲虽然天天锦衣玉食，却仍然闷闷不乐。刘邦经过询问后才得知，原来他的父亲在乡下居住时，酷好斗鸡、蹴鞠，现在住在宫里，既不能斗鸡，又不能蹴鞠，故而心情郁闷。刘邦于是让其父亲搬出宫苑，专门在新丰为他起造了豪华的居室，这样，老人家又能自由自在地与同伴蹴鞠了。

另据《汉书·霍去病传》记载，汉武帝时，大将霍去病领兵北击匈奴，每当战事不顺，或粮饷不济时，他便会带领士兵蹴鞠，以此来鼓舞士气。

两汉时期，不仅宫廷、军队中重视蹴鞠，蹴鞠在民间的普及程度也很高，在汉代桓宽所著的《盐铁论》中，就有关于在汉武帝统治时期常见“穷巷蹋蹴”即普通民众在街巷中蹴鞠的记述，可见蹴鞠运动已是何等的深

汉代的鞠城图，选自谷世权编著的《中国体育史》

入人心。而且，在这一时期，还出现了专门论述蹴鞠的著作——《蹴鞠》。该书共二十五篇，在《汉书·艺文志》中收有篇目，只是内容已佚。

因为年代久远，加上有关资料的遗佚，我们已很难了解汉代蹴鞠的规则与踢法。不过，东汉人李尤作有专门描写汉代蹴鞠情形的《鞠城铭》一诗，通过对其中一

些诗句的分析，我们还是可以对此有一个大致的了解。

《鞠城铭》全诗如下：“圆鞠方墙，仿象阴阳。法月衡对，二六相当。建长立平，其例有常。不以亲疏，不有阿私。端心平意，莫怨其非。鞠政尤然，况乎执机。”其中，“圆鞠方墙”是指用于蹴鞠的球是圆形的，而场地是方形的；“法月衡对”是指球场的两边各有一个球门，形状似月，遥遥相对；“二六相当”指参加比赛的人数，每队为“二六”即12人；“不以亲疏，不有阿私”是对蹴鞠的裁判而言，让他不要偏私，而应公正执法。由此可见，汉代蹴鞠的基本情况与现代足球已大致相似。

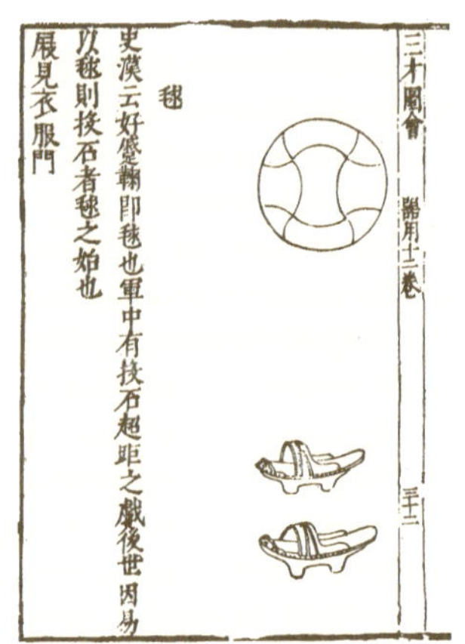

三才圖會　器用十二卷　三十二

毬

史漢云好蹵鞠即毬也軍中有技石超距之戲後世因易以毬則技石者毬之始也

屐見衣服門

…明代《三才图会》（编绘于嘉靖[1522–1566年]、万历[1573–1620年]年间）中的毬图（毬即球）

3．唐代蹴鞠与充气足球的发明

唐代是蹴鞠运动发展的一个极为重要的时期，这个时期的一个最大特点，就是发明了可用来充气的球。唐以前用于蹴鞠的球，通常是在两块皮革中填充上毛发之类的东西，再加以缝合而成。这样制成的球，无论在

…唐代(618–907年)的蹴鞠比赛（根据有关史料制作）

形状上，还是在弹性上，都不很理想。唐人在制球时，则是先准备好一个可用来充气的动物膀胱，再在外面包上用八块皮革缝合起来的外壳。这样制出来的球，不仅形状更圆，而且更具弹性，从而使蹴鞠运动更为激烈，亦更具观赏性。唐代蹴鞠的另一个特点，是在对以往的蹴鞠运动加以继承的基础上，发明了各种蹴鞠的玩法。如其中有一种玩法，是在场地中间设一个球门，甲乙两队分别从两边向球门射球，以射进数目多者为赢家；还有一种玩法，就是干脆不要球门，蹴鞠者可一人或数人用各种脚法表演蹴鞠的技巧，以能让球长时间不掉落地上者为胜。此外，还有踢高比赛，通常是几个人围在一起，把球用力往高处踢，谁能既把球踢得很高，又不使它掉到地上，谁就是赢家。如此等等，不一而足。

4．宋朝：蹴鞠运动的黄金时期

到了宋代，蹴鞠运动进入了一个新的历史时期。宋

…宋代(960—1279年)的蹴鞠比赛(根据有关史料制作)。球场中间网上的洞即为风流洞

…宋代苏汉臣的《长春百子图》中的童子蹴鞠场面

代蹴鞠有几个重要的特点，一个是蹴鞠运动更具规范性和观赏性。宋代蹴鞠主要有两种玩法，一种是通过球门射球，先在场地中央立两根高达几丈的竹竿，在竹竿上张网，网的上部开一个直径1尺左右的洞，此洞便是球门，俗称风流洞。参赛的队伍称为左、右两军，每队10余人，其中有球头（相当于现在的队长）1人、次球头（相当于副队长）2人。比赛开始时，先奏音乐，两队分别穿红、黑两种颜色的锦衣上场。先由红方开球，红方队员在进行一系列较具难度的球技表演后，将球传给次球头，次球头再传给球头，然后由球头射门。球头破门后，对方若能把球由风流洞反踢回来，即为赢一球，反之为败。比赛结束时，胜者有奖，败者则或受鞭笞，或在脸上涂以黄白色的粉，以示惩罚。另一种是不用球门的玩法，这种玩法主要是蹴鞠者表演踢球的各种技法，谁踢的花样多、脚法严密，谁就是赢家。当时的脚法名目繁多，有鸳鸯拐、流星拐、十字拐、凤翻身等等，数不胜数，足见当时人们在蹴鞠上投注的心血。

宋代蹴鞠的第二个特点是出现了类似当今足球协会的专门组织——齐云社。齐云社又叫圆社，是民间蹴鞠艺人自发组织的团体。当时参加齐云社的人很多，除了专门的蹴鞠艺人，还有不少蹴鞠“票友”，他们大多是富家子弟或社会上游手好闲的人。齐云社有专门的社规，经常组织蹴鞠表演，有时甚至入宫进行表演。对此，被认为成书于南宋时期的《蹴鞠谱》一书中有这样的描述：“莫道齐云无好处，金门曾受帝王宣。”齐云社的成立，对于促进宋代蹴鞠运动的发展，无疑起了很大的推动作用。

…明刊本《水浒传》中的端王与高俅蹴鞠图

宋代蹴鞠的第三个特点是朝廷对蹴鞠运动极为重视。据史载，宋朝的不少皇帝，如宋太祖、宋太宗等都极爱蹴鞠，元代钱选所绘的《蹴鞠图》，就是对这一事实的生动写照。画中所绘分别为宋太祖赵匡胤、赵光义、赵普、郑恩、楚昭辅、石守信6人，他们正围成一圈，聚精会神地踢球。从画中内容可以看出，宋太祖等人的踢法当系不用球门的球技表演。由于朝廷对蹴鞠的推崇，蹴鞠运动在社会上极为普及，并出现了不少以蹴鞠为生

的人，《水浒传》中的高俅便是一位痴迷蹴鞠并借此发迹的人。在《水浒传》第二回中，说到高俅做了驸马都尉的亲随后，被派去给端王赵佶（即后来的宋徽宗）送礼，当时，端王正在蹴鞠，只见端王“把绣龙袍前襟拽扎起，揣在绦儿边，足穿一双嵌金线飞凤靴，三五个小黄门相伴着在庭心蹴气球……也是高俅合当发迹，时运到来，那个气球腾地起来，端王接个不着，向人丛里直滚到高俅身边。那高俅见气球来，也是一时的胆量，使一个鸳鸯拐，踢还端王。端王见了大喜……定要他踢……高俅只得把平生本事都使出来奉承端王。那身份模样，这气球一似鳔（biào）胶粘在身上的”。高俅从此便得端王赏识，最后升至太尉之职。

元明时期的蹴鞠运动基本上沿袭了宋代的做法，但在社会上的影响已不及宋代。至满清入关后，因满清贵族不爱蹴鞠，而偏爱狩猎、摔跤、冰嬉等运动，蹴鞠运动便渐渐衰落。因此，到了19世纪下半叶，当足球运动从西方传入中国时，绝大部分中国人都把它看作一种时髦的运动，而不知道它只不过是“蹴鞠家族”中的一个后起之秀而已。

…明代(1368–1644年)《宣宗宫中行乐图》(局部) 中描绘的蹴鞠场景

二、女子蹴鞠

◎正如现代足球既有男足，又有女足，在蹴鞠运动的历史上，也有女子蹴鞠的一席之地。只不过在古代中国这样一个封建礼教谨严的国度里，女子蹴鞠是以某种特殊的形式出现的。

1．唐代的女子鞠技表演：白打

有文字记载的女子蹴鞠始于唐代。关于女子蹴鞠的最早记录见于唐人康軿的《剧谈录·潘将军失珠》："时春雨初霁，有三鬟（huán）女子，可十七八，衣装褴褛，穿木屐，于道侧槐树下，值军中少年蹴鞠，接而送之，直高数丈，于是观者渐众。"一个十七八岁的女子，能接住军中少年踢来的球，且能把它踢至数丈高处，无疑是一位训练有素的女蹴鞠手。不过，唐代的女子蹴鞠与男子蹴鞠不同，它主要是作为球技表演，以踢高、踢花样为能事，并不参与球场上的追逐射门活动。关于唐代女子蹴鞠的状况，唐人王建在《宫词》中曾有这样的描写："宿妆残粉未明天，总立朝阳花树边。寒食内人长白打，库中先散与金钱。"词中的"白打"即女子蹴鞠，因蹴鞠时不用球门，只是表演球技，故有"白打"之名。

2. 崇尚阴柔之美的“美人蹴鞠”

宋元明时期，女子蹴鞠运动进一步发展。在一些笔记、小说、野史中，常有关于女子蹴鞠的记述。元代剧作家关汉卿曾专门写过描写元代女子蹴鞠的散曲《女校尉》和《女校尉又》，对女子蹴鞠的场景和蹴鞠女子的神态有生动的描绘。在明代陈继儒的《太平清话》中，记载了一个名叫彭云秀的蹴鞠女艺人，她凭借出众的球技，走南闯北，博得极好的名声，被称为“女流清芳”。

与现代女子足球崇尚力量与速度不同，女子蹴鞠因为以表演为主，故对从事蹴鞠女子的容貌、身段、技艺都有较高的要求，因此，女子蹴鞠在古代又被称为“美人蹴鞠”，它体现的是女子在蹴鞠时的一种特有的阴柔之美。这种阴柔之美，在吴承恩的《西游记》第七十三回关于盘丝洞蜘蛛精蹴鞠的描写中有淋漓尽致的

…宋代的仕女蹴鞠铜镜

反映："飘扬翠袖，摇拽缃裙。飘扬翠袖，低笼着玉笋纤纤；摇拽缃裙，半露出金莲窄窄。形容体势十分全，动静脚跟千样蹋。……转身踢个出墙花，退步翻成大过海。轻接一团泥，单枪急对拐。……踢到美心时，佳人齐喝彩。一个个汗流粉腻透罗裳，兴懒情疏方叫海。言不尽，又有诗为证：蹴鞠当场三月天，仙风吹下素婵娟。汗沾粉面花含露，尘染蛾眉柳带烟。翠袖低垂笼玉笋，缃裙斜拽露金莲。几回踢罢娇无力，云鬓蓬松宝髻偏。"

遗憾的是，女子蹴鞠毕竟是在中国古代提倡男尊女卑的社会环境下产生的，因此，从它产生之初，就有满足男子特殊审美需要的目的。所以，发展到后来，女子蹴鞠有时也成为妓女取悦嫖客的一种手段，如元代散曲《妓女蹴鞠》中就有这样的描写："毕罢了歌舞花前宴，习学成齐云天下圆，受用尽绿窗前饭饱茶余，拣择下粉墙内花阴日转。"在明代小说《金瓶梅》第十五回中，也写到西门庆去妓院嫖妓，妓女桂姐向他表演蹴鞠之技："桂姐上来，与两个圆社踢。一个楂头，一个对障，勾踢拐打之间，无不假喝彩奉承……当下桂姐踢了两跑下来，使得尘生眉畔，汗湿腮边，气喘吁吁，腰肢困乏。"到了清代，随着蹴鞠运动的整体衰落，中国古代的女子蹴鞠也就走到了它的尽头。

…明刊本《西游记》中描绘的盘丝洞蜘蛛精蹴鞠图

…明刊本《金瓶梅》中的桂姐蹴鞠图

…宋代的孩儿蹴鞠瓷枕画

…明代杜堇绘制的《仕女图》中反映古代宫中女子蹴鞠的场景(局部)

三、打马球

◎打马球又称击鞠、打球，是一种骑在马上持棍击球的运动。关于马球运动的起源，或认为是源于波斯，经西藏传入中原；或认为是源于西藏，后经波斯传入中原；或认为是源于汉代的蹴鞠运动。中国历史上关于马球的最早记载，见于三国时曹植的《名都篇》，其中有“名都多妖女，京洛出少年……连骑击鞠壤，巧捷惟万端”之句。

1．酷爱马球的唐朝帝王们

唐代是中国历史上马球运动最兴盛的时期。唐代的马球运动肇始于唐太宗。据唐人封演的《封氏闻见记》载，唐太宗听说吐蕃有马球之戏，便命人前去学习。但唐太宗对自己的这一决定很慎重，因为打马球毕竟是一种娱乐活动，律己甚严的唐太宗不愿意让吐蕃人

…明代画家临摹的《宋人击球图》中正在打马球的四位宋代男子

…唐代章怀太子李贤墓中的打马球壁画（局部）

看出他内心的真实想法，因此，当吐蕃人把马球送给他时，他又把马球烧了："太宗御安福门，谓侍臣曰：'闻西蕃人好为击球，比亦令习，会一度观之。昨日升仙楼有群蕃街里打球，欲令朕见，比蕃疑朕爱之，聘为之。以此思量帝王举动岂亦容易，朕已焚此球以自诫。'"但是，不管唐太宗的真实想法是什么，自从马球运动传入中原以后，很快就在军中和贵族阶层风行起来。

…唐代的打马球泥俑

唐代马球运动所用的球是用质轻而坚韧的木材制成，大小与拳头相似，中间挖空，外面涂朱红色或绘彩。击球杆的顶端呈偃月形。球场为长方形，或在球场的中间设一门，或在两边设两门。门用木板制成，中间是直径1尺大小的洞，背后罩上网。比赛人员分为两队，根据把球击进球门的次数多少计算胜负。

唐代的皇帝大多爱好马球运动。

…描绘唐玄宗打马球的《唐明皇击鞠图》，宋代李公麟(1049—1106年)绘

…明刊本《帝鉴图说》中的唐敬宗打马球图

如唐高宗李治酷爱观赏马球表演，但他认为光看从吐蕃学来的马球不过瘾，于是专门把吐蕃马球队请入宫中，看他们进行原汁原味的表演；唐中宗李显也曾亲自去梨园亭马球场看汉藏马球队之间的比赛。而且，有的皇帝不但爱看马球，甚至还亲自下场打马球。如唐敬宗李湛酷爱打马球，只要兴之所至，即使在深更半夜，也会聚集人马挑烛夜战，结果被专职的马球手打死在马球场；唐宣宗李忱（chén）球技出众，即使是神策军中的职业球手在他面前也甘拜下风；唐僖宗李儇（xuān）对自己的球技颇为自负，据《资治通鉴》载，他曾自诩“若应击球进士学，须为状元”。

不过，在众多喜爱马球的唐代皇帝中，真正的玩家还数唐玄宗李隆基。这首先是因为他的球技十分高超。据史载，唐中宗景龙三年（709年），唐中宗曾观看吐蕃马球队与皇家马球队之间的一场比赛，结果，皇家马球队连战皆北，使唐中宗十分生气。这时，时为临淄王的李隆基与另外3位皇族成员组成4人马球队，与吐蕃的10人马球队进行比赛。李隆基在场上左冲右突，如入无人之境，最终大获全胜，连吐蕃大臣也对他的球技赞不绝口。而且，唐玄宗继位以后，仍打马球不辍，有时甚至因此误了上朝。其次是唐玄宗不光自己打马球，还提倡在军中开展马球运动。他曾于天宝六年（747年）下诏，认为马球是“用兵之技”，“义不可舍”，下令在军中推广。此后，马球运动便成为军中的常戏。还有就是唐玄宗活到77岁，是中国历代皇帝中寿命较长的皇帝之一，而且，在他62岁时，他还想亲自上场打马球。因此，有不少人认为，唐玄宗的长寿与他终生热爱马球运动有关。

不过，作为一个万乘之尊的皇帝，如此热爱马球，难免有玩物丧志之嫌，故历史上有人曾因此诟病唐玄宗，如宋人晁无咎在《题明皇打球图》一诗中写道：“宫殿千门白昼开，三郎沉醉打球回，九龄已老韩休死，明日应无谏疏来。” 这里的“三郎”，就是指唐玄宗。

唐代除了宫中和军中盛行打马球，文人中的马球运动也很兴盛。据史载，进士科在唐代科举制中最受人瞩目，考中进士的人都会觉得无比荣耀。在唐代，进士及第后有三大盛会，分别是慈恩塔题名、曲江游乐宴和月灯阁下打马球。据《唐摭（zhí）言》载，唐僖宗乾符四年（877年），正当新

|…唐代的打马球群俑

…唐代的马球运动（根据有关资料制作）

科进士们准备在月灯阁下打马球时，发生了有趣的一幕：有几位神策军中的马球高手突然骑马闯入月灯阁下的球场，提出要与这些文士们一决高下，意在羞辱这些自视甚高的文人。当时场边的观众达数千人，新科进士们一个个面面相觑。因为他们内心明白，马球不过是他们的业余之技，怎能是这些专业马球手的对手？然而，就在此时，一位名叫刘覃的新科进士却勇敢地下场应战，而且表现非同凡响，书中称他“驰骤击拂，风驱电逝”，场上只见他一人表演球技，神策军骑士根本抢不到球，最后只好灰溜溜地走了。

2. 女子马球运动的兴盛

北宋建立后，马球运动继续发展。据《宋史·礼志》载，宋太宗时，为了使马球运动更好地发展，专门制定了马球运动的规则，内容包括：东西两侧各设一门，并各派一人守门；有两人手持红旗，负责报告进球数目；马球比赛时，要于两厢击鼓作乐，等等。不过，纵观北宋时期，除了宋太宗时盛行马球，其他时期的马球运动都比较萧条，这与北宋时期文弱之风盛行有很大的关系。直到南宋时期，由于宋孝宗的倡导，马球运动一时呈现中兴之势。宋孝宗即位时，国内要求收复北方失地的呼声十分高涨，宋孝宗受此情绪影响，决心整顿武备，准备北伐。

…唐代的女子打马球俑

同时，他把马球运动看作是训练骑兵、振作国民精神的重要举措，不仅自己经常下场打马球，还让军中官兵经常进行马球训练和比赛。对此，当时的诗人陆游在诗中有这样的描绘："军中罢战壮士闲，梁州球场日打球"，"闲试名弓来射圃，醉盘骄马出球场"。遗憾的是，宋孝宗的热情并未能维持太久，由于北伐战事的失利，他便日益消沉，马球运动也因此少人问津。

…宋代打马球时使用的球

然而，在宋代马球运动整体呈现颓势的时候，女子马球却呈兴盛之势。女子马球始于唐代，不过，确切地说，唐代的女子马球有的应称为女子驴球。因为当时从事女子马球运动的多为宫中女子，一个个长得娇小玲珑，那些高头大马显然不适于她们骑乘，于是人们发明了让她们骑驴打球的玩法，如《旧唐书》中即有关于唐剑南节度使郭英乂"聚女人骑驴击球，制钿驴鞍及诸服用，皆侈靡装饰，日费数万，以为笑乐"的记述。五代时，后蜀宫中也有女子马球运动，如蜀主孟昶宠爱的花蕊夫人的《宫词》中就有专门歌咏女子马球队的："自教宫娥学打球，玉鞍初跨柳腰柔。上棚知是官家认，遍遍长赢第一筹。"到了宋代，宫中女子马球运动的规模更盛。据宋人孟元老的《东京梦华录》记载，当时的女子马球手不再骑驴，而是骑小马，身上的装束也一如男子："结束如男子，短顶头巾，各着杂色锦绣，捻金丝番缎窄袍"，"珠翠装饰，玉带红靴，各跨小马"，"人人乘骑精熟，驰

…宋代的打马球砖雕

…金代(1115—1234年)的打马球砖雕

…反映辽代马球运动的墓室壁画

…明代的《宣宗宫中行乐图》(局部)中描绘的马球运动

骤如神，雅态轻盈，妍姿绰约，人间但见其图画矣”。宋代女子马球在宫中的盛行，与当时朝野偏安一隅、追求及时享乐的风气有很大的关系。

3．借击鞠以习武：金元时期的马球运动

南宋时期，北方先后经历了辽、金两个朝代。受中原马球运动的影响，辽、金两朝也举行马球运动。金代的金世宗完颜雍是一个十足的马球迷，据《金史》记载，金世宗常常在宫中打马球，大臣马贵中上书劝他不应沉迷于马球：“陛下为天下主，系社稷之重，又春秋高，围猎击球危事也，宜悉罢之。”他却回答说：“朕以示习武耳。”即认为打马球是尚武的表现。

元朝也有马球运动，不过，元时的马球运动与唐宋时稍有不同，如元时的马球不是以坚木制成，而是用皮缝成的软球；在具体打法上也有自己的特点，因为球为软球，故水平高超的马球手在比赛时常常把球用击球棒挑起后，再在空中连击此球，然后直接奔向球门。元人熊自得的《析津志》对当时的马球运动有生动而详细的描述："击球者，今之故典，而我朝演武亦自不废……先以一马前驰，掷大皮缝软球子于地，群马争骤，各以长藤柄球杖争接之。而球子忽绰在球棒上，随马走如电，而球子终不附地。力捷而熟娴者，以球子挑剔跳掷于虚空中，而终不离于球杖。马走如飞，然后打入球门，中者为胜。"

明代仍有马球运动，据《续文献通考·乐考》记载，明成祖朱棣就经常去东苑观看马球表演。另在绘画《宣宗宫中行乐图》中，也有明宣宗观看马球运动的画面。不过，除此之外，已很少有关于明代马球运动的资料。至清代，由于满人的习俗是摔跤、冰嬉、射猎等，因此，马球运动彻底衰落，除了在一些少数民族如蒙古族、藏族中仍有保留，在中原已几乎见不到它的踪影。

现在，马球运动是国际大赛中的正式比赛项目。不过，现代马球运动源自欧洲，与中国的传统马球运动无关，它是英国殖民者首先在印度发展起来的，后传入欧美各地。现代马球的球场长300米，宽100米，两端设门，双方各有4名队员骑马上场，手持长藤柄击球杖，以进门球数的多少为胜负的依据。可见，现代马球运动与中国古代马球运动在本质上并无多大区别。

……辽代(907—1125年)陈及之所绘《便桥会盟图》中的打马球场面

四、木射

◎木射是以滚动的木球来击倒远处竖立的木柱的一种运动。木射之名，有“以木球为箭矢来射击”的意思。

木射是在唐代流行的一项运动，又称“十五柱球戏”。唐代的陆秉编有《木射图》一书，具体介绍了木射的方法和比赛规则。木射通常在空间较大的室内进行，在场地的一端，并排竖立15个笋状的平底木柱，每个木柱上用红笔或黑笔各写一字，其中10个分别用红笔写上仁、义、礼、智、信、温、良、恭、俭、让，另5个用黑笔分别写上傲、慢、佞、贪、滥。参赛者依次从场地的另一端向这些柱子滚动木球，击中写有红字的木柱者为赢，击中写有黑字的木柱者为输。融中国传统道德观念于运动之中，这是木射这项活动的一个显著特点，也是中国传统体育的一个重要特色，如在投壶、御车、武术等活动中，都明确要求人们把一定的道德规范融入其中。

由木射这项活动，人们会很自然地想到现代的保龄球运动，因为保龄球也是用滚动的球来击倒远处的木柱的一项运动，只是在器具的具体形状和比赛规则等方面，两者稍有不同：如保龄球所用的木柱为10个，瓶状，且上面无字；这些木柱在场地的一端呈三角形排列，而不是木射时的并排排列等等。

那么保龄球与木射之间是否存在某种渊源关系呢？对此，目前只能存疑。因为保龄球是20世纪初从国外传入中国的，而木射在唐代以后的状况迄今又未见相关的记载。

…唐代木射示意图

五、捶丸

◎碧绿如茵的草地，起伏平缓的小丘，波光粼粼的湖水，衣着时髦的男女，潇洒自如的挥杆击球，价格昂贵的消费……这是人们对现代高尔夫球运动的总体印象。然而，你是否知道，这项现代人眼中的“贵族”运动，却与中国在12世纪时就已流行的一种运动——捶丸，有着极为密切的关系。

…宋代的小儿捶丸瓷枕画

我们先来了解一下有关捶丸的情况。所谓捶丸，即以棍棒击球。关于捶丸的知识，最权威的论述当数成书于元世祖至元十九年（1282年）的《丸经》。

《丸经》共32章，分上下两篇，作者化名为宁志斋老人，书中对捶丸的场地、器材、参赛人数、裁判、胜负计算都有详细的记述。根据《丸经》的介绍，捶丸所用的场地是地势起伏不平、视野开阔的园林。场地确定后，再选一个空旷的地方，划定一个1尺见方的球基。在离球基60－100步处，挖若干数目的球窝，每个球窝旁插一面彩色小旗为标志。捶丸的器材为球棒和球，球棒要求下端弯曲，以便能很好地击球；至于捶丸所用的球，《丸经》中要求轻重适宜，以

…山西洪洞县广胜寺水神庙中描绘捶丸运动的元代壁画

…明代杜堇的《仕女图》(局部)中描绘的女子捶丸的情形

与球棒能和谐配合为佳。比赛开始后，参赛者轮流上场，若3棒内把球击入球窝，即得1筹；若违例，则倒扣1筹。捶丸比赛按参加人数的多寡分为大会、中会、小会3种，大会以得20筹为1局，中会以得15筹为1局，小会以得10筹为1局。

接下来我们再来看一下《中国大百科全书》“体育卷”对高尔夫球的介绍：“以棒击球入穴的一种球类运动。在室外广阔的自然地面上，设9或18个穴。运动员逐一击球入穴，以击球次数少者为胜。”

从中可以看出，捶丸与高尔夫球的性质和玩法在总体上是极为相似的。这种惊人的相似告诉我们，高尔夫球与捶丸应该存在某种渊源关系。为了说明这种渊源关系，我们有必要对捶丸的历史和高尔夫球的历史分别有一个大致的了解。

根据有关的记述，捶丸源于唐代的步打球，步打球与现代的曲棍球类似，也是用下端弯曲的棍棒击球，比赛时分两队，以击球入门的次数多少分胜负。至宋时，已在步打球的基础上发展出了捶丸。据《丸经》记载：“宋徽宗、金章宗皆爱捶丸，盛以锦囊，击以彩棒。”宋

…明代的《宣宗宫中行乐图》(局部)中描绘的捶丸场景

…民国时期（1912—1949年）广告画中的高尔夫球运动

徽宗执政是在12世纪，可知至迟在12世纪，捶丸已是一项成熟的运动。宋、元、明三代是捶丸运动发展的全盛时期，这一点，从大量有关捶丸的壁画、瓷枕画和宫廷画中可以反映出来。只是到了明末清初，捶丸运动才突然销声匿迹，以致到19世纪末高尔夫球从西方传入中国时，人们都把它看作一种代表西方人生活方式的新奇运动。

至于高尔夫球的历史，我们来看一下《日本体育大辞典》的有关论述："过去一般认为高尔夫创始于英国，近来在荷兰的陶器上发现了一幅高尔夫球的图绘，依古文献考出，它发祥于15世纪初期的荷兰。"这一论述说明两点：一是高尔夫球产生于15世纪初，比中国的捶丸至少晚了3个世纪；二是关于高尔夫球起源的证据极为贫乏，主要的依据是一幅瓷画，这与中国捶丸运动的书证、图证丰富、确凿形成了鲜明的对比。

由此，我们很自然地会想到发生在13世纪的震惊世界的重大事件——蒙古人入侵欧洲。公元1219年至1242年，蒙古人曾两次大举西征，正是在这两次大规模的西征中，中国的造纸术、指南针、火药等传入了欧洲。因此，虽然缺乏直接的证据，但合乎情理的推断是：捶丸运动正是在这种东西方文明的冲突与融合中传入欧洲，并被改造成高尔夫球的。

…现代高尔夫球运动的球场

…现代高尔夫球运动所用的击球棒和球

第二章 水上运动

龙舟竞渡
游泳
弄潮
冰嬉

一、龙舟竞渡

◎所谓龙舟竞渡，多指每年在端午节（农历五月初五）时，人们划着雕制成龙形的船只进行竞赛。龙舟竞渡在中国有悠久的历史，据考古发掘资料，至迟在战国时期，我国就开始有了龙舟竞渡这项活动。

1．关于龙舟竞渡活动起源的争论

关于龙舟竞渡的起源，历史上一直有不同的说法。其中影响最大的说法当数认为龙舟竞渡是为了纪念屈原。如据南朝梁时吴均的《续齐谐记》载："楚大夫屈原

…宋代的《金明池争标图》（传系张择端绘），描绘了宋代在首都汴梁的金明池举行龙舟比赛的情形

遭谗不用，是日投汨罗江死，楚人哀之，乃以舟楫拯救。端阳竞渡，乃遗俗也。”《隋书·地理志》的记述则更为详细：“屈原以五月望日赴汨罗，土人追到洞庭不见，湖大船小，莫得济者，乃歌曰：何由得渡湖。因而鼓棹争归，竞会亭上，习以相传，为竞渡之戏。”屈原是战国时的楚国人，曾任三闾大夫之职，后因遭奸臣排挤，被判流放。因痛感楚地日削，报国无门，于公元前278年农历五月初五愤而投汨罗江自尽。屈原是著名的文学家，楚辞的创始人，在民间有很大的影响。听说他投江后，当地民众自发组织起来，竞相划船抢救。此举相沿成习，从而产生了龙舟竞渡活动。

另一种说法认为龙舟竞渡是为了纪念伍子胥。如《荆楚岁时记》说：“邯郸淳《曹娥碑》云：五月五日，时迎伍君，逆涛而上，为水所淹。斯又东吴之俗，事在子胥，不关屈平也。”据《史记·伍子胥列传》，伍子胥是春秋时吴国的大臣，因忠而遭诛，尸体被以革包裹，抛入江中。吴国百姓感念伍子胥对吴国的忠诚，便奉他为波神，立祠纪念，并于每年农历的五月初五举行龙舟

…现代人在汨罗江上为纪念屈原而举行的龙舟竞渡活动

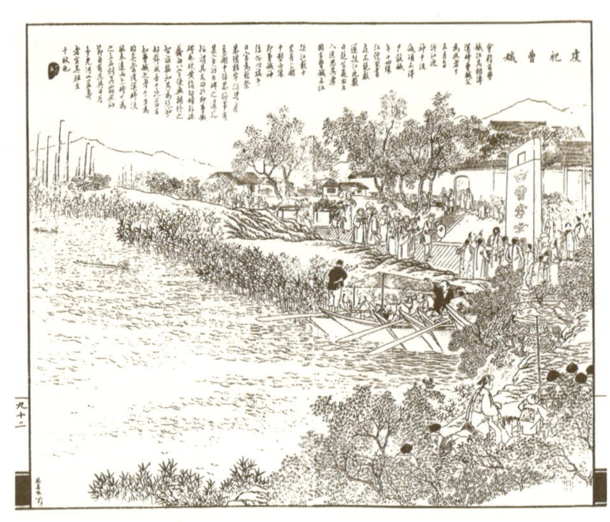

…清代画家吴友如(?–约1893年)等绘的《点石斋画报》中的虔祀曹娥图。据传曹娥是汉代人，其父在纪念伍子胥的龙舟竞渡活动中不慎落水淹死，曹娥为寻找父亲的尸体，也投江而死。人们为了表彰曹娥的孝行，专门为之立碑纪念。故也有认为龙舟竞渡是为了同时纪念伍子胥和曹娥的说法

竞赛，以迎波神。

还有一种说法认为龙舟竞渡源于春秋末年的越王勾践。勾践在与吴国的战争中失败，自己也被作为人质扣留在吴国，受尽屈辱。因此，勾践归国后，卧薪尝胆，决心复仇。吴越两国均属江南泽国，要想复仇，首先就必须有强大的水军。于是勾践发明了龙舟竞渡之戏，以训练水军。因此，《越地传》一书中说："竞渡之事起于越王勾践，今龙舟是也。"

除此之外，还有各种说法，如闻一多先生认为龙舟竞渡源于吴越民族的宗教祭祀活动；一些少数民族如白族、傣族则把龙舟竞渡的发明权归于本民族的祖先。

如何看待龙舟竞渡起源问题上的种种观点呢？我认为，上述观点，均存在一定程度的合理性，但若把其中的某一种观点加以夸大，把它认定为龙舟竞渡的真正源头，则肯定会失之偏颇。因为根据史料记载，龙舟在中国历史上产生的时间很早，据成书于先秦时期的《穆天子传》："天子乘鸟舟、龙舟，浮于大沼。"穆天子即西周的周穆王，这种说法若可信，那么，早在西周时

期，就已有龙舟了。事实上，龙舟出现的时间应该是很早的，因为早在炎黄时期，中国先民就开始了对龙图腾的崇拜，而把这样一种崇拜物应用到船只的制作上，应该是顺理成章的。既然有了龙舟，便会很快产生划龙舟的竞赛，这正如一旦人们知道了骑马，就必然会产生骑马比赛一样。由此可知，在屈原投江之前，甚至在勾践训练水军以前，社会上肯定已经存在某种划龙舟比赛的活动，只是这种活动也许是自发的、小规模的、缺乏组织的。

因此，现在的问题是：为什么要把龙舟竞渡活动的日期定在端午节？那些主张龙舟竞渡是为了纪念屈原或伍子胥的人会很肯定地回答：那是因为屈原或伍子胥死在端午节。其实，这种回答是不全面的，因为也许我们还应该注意另外一个事实，即古人一直把农历五月初五看成一个不祥的日子，称之为恶月恶日。据汉代应劭（shào）的《风俗通义》："俗说五月五日生子，男害父，女害母。"因此，每到五月初五，人们便会采取各种措施来避免不祥。《风俗通义》说："五月五日，赐

…战国时期(前475–前221年)的宴乐铜壶上的划船场面

…清代(1616—1911年)徐扬《端阳故事图册》中的系彩丝图，描绘了人们在端午节时臂系彩丝以辟邪的习俗

五色续命丝，俗说以益人命”，“五月五日，以五彩丝系臂，名曰长命缕，一名续命缕”。既然如此，有些地方的人们选择在五月初五举行龙舟竞渡，以避免不祥，亦非完全不可能的事情。因此，我认为，在关于龙舟竞渡起源的问题上，公允一些的说法似乎应该是：龙舟竞渡活动有多个源头，源于屈原的说法之所以有较广的认同度，完全是因为屈原在中国历史上巨大的影响力。

2. 规模宏大的唐代龙舟竞赛

龙舟竞渡活动自战国时期产生以后，在历史上一直绵延不绝。据史料记载，至迟在唐代，龙舟竞渡活动就已经成为一种定俗。唐代的皇帝如唐玄宗、唐敬宗都爱观看龙舟之戏，唐敬宗甚至下令动用巨资建造20艘巨大的龙舟，供自己在端午节时观赏龙舟竞渡之用。唐代龙舟竞渡活动的规模较为宏大，动辄有数十艘巨大的龙舟参赛，届时观者如潮，喊声震天。唐代诗人张建封的《竞渡歌》为我们形象地描绘了当时的热闹场景："五月五日天晴明，杨花绕江啼晓莺。两岸罗衣破晕香，银钗照日如霜刃。鼓声三下红旗升，两龙跃出浮水来。棹影斡破飞万剑，鼓声劈浪鸣千雷。鼓声渐急标将近，两龙望标目如瞬。波上人呼霹雳惊，竿头彩挂红霓晕。"

要想在龙舟竞渡中获胜，必须具备几个要素，首先是必须选择建造龙舟的优质木材，因为龙舟巨大，一般的龙舟均在10丈左右，若所用木材过重，必会影响它的行进速度，因此，人们通常以质轻的杉木为建龙舟的材料。其次是要有好的划手，只有有了既有力量、又有耐力的划手，才能在激烈的竞争中胜出。为了选拔优秀的划手，人们发明了一种极为有效的方法：选一条小舟，让两位选手背靠背而坐，然后各自用力向自己面对的方向划船，船移向谁所划的方向，谁就是胜者。再次是要有良好的调度。因为每艘龙舟上的参赛人员，少则十几人，多则上百人，若划手们不能步调一致，是很难取胜的。通常的做法是，在龙舟的中间设一面大鼓，选择强壮有力的人来击鼓，既壮声威，又使划手能根据鼓点掌握节奏。因此，这个击鼓人在某种程度上就起着调度的作用。此外，还要有好的领向员。因为龙舟一旦启动，其行如飞，若在方向上发生偏差，一时很难调整过来。龙舟竞渡自唐代开始，就实行以夺标定胜负的比赛方法。标分两种，一为固定标，一为

…元代(1206—1368年)王振鹏的《龙池竞渡图》中描绘的金明池举行龙舟竞赛的情形

活动标。固定标通常是在某一水域中设一杆，杆上放置奖品，谁先取得此奖品，谁就是赢家；活动标是把动物膀胱充气后投入水中，再在上面放上奖品，龙舟接近此活动标后，由一名游泳高手入水夺取此标。这就要求领向员对目标有较强的判断力，并指引全体人员灵活地调整方向。

3. 传承不绝的龙舟竞渡活动

宋代的龙舟竞渡活动丝毫不逊于唐代。首先是宋代的皇室贵胄极爱观看龙舟竞渡表演，在京城汴梁的皇家禁地金明池，就经常举行龙舟竞赛，对此，《东京梦华录》中有这样的记述：“一军校执一竿，上挂以锦彩银碗之类，谓之标竿，插在近殿水中。又见旗招之，则两行舟鸣鼓并进，捷者得标，则山呼拜舞。”著名画家张择端甚至把当时的场景直观地描绘下来，并题画名为《金明池争标图》。另外，民间的龙舟竞渡活动也举行得如火如荼，宋人周密的《武林旧事·卷第三》对此有形象的描绘：“龙舟十余，彩旗迭鼓，交舞曼衍，粲如织锦。……都人士女，两堤骈集，几于无置足地。水面画楫栉比如鱼鳞，亦无行舟之路。歌欢箫鼓之声，振动远近，其盛可以想见。”

…绘于宋代的《龙舟竞渡图》

明代的龙舟竞渡活动一如宋代，亦是上自皇宫，下至民间，一起参与。据《明宫史》称，明朝的万历皇帝就曾驾幸西苑，观看龙舟比赛。至于民间的龙舟竞渡活动，我们在此引用明人张岱《陶庵梦忆》中的记述，以窥一斑："瓜州龙船一二十只，刻画龙头尾，取其怒；傍坐二十人持大楫，取其悍；中用彩篷，前后旌幢绣伞，取其绚……金山上人团簇，隔江望之，蚁附蜂屯，蠢蠢欲望。晚则万艅(yú)齐开，两岸沓沓然而沸。"

……《雍正帝福海观竞舟图》，选自清代宫廷画家绘制的《雍正帝十二月令行乐图》

至清代，虽然满人本无龙舟竞渡之俗，但很快也被汉人龙舟竞渡的热闹场面所感染，并陶醉其中。据《清稗类钞》载："乾隆初，高宗于端午日命内侍习竞渡于福海，画船箫鼓，飞龙鹢(yì)首，络绎于波浪间，颇有江乡竞渡之意。"乾隆帝甚至还写有"中流九龙舟，谁肯相参差"的诗句。有了皇帝的参与，加上清朝辽阔的疆土，清代的龙舟竞渡很快便发展成为无论在参加人数还是在影响地域方面均超过以往各朝的一项活动。

目前，龙舟竞渡已是一项国际性的比赛活动。1995

年，首届世界龙舟锦标赛在中国举行，有14个国家和地区派队伍参与了竞赛。此后，类似的活动就经常举行。因此，龙舟竞渡这项源于古老中国的运动，正以其特有的魅力，影响着世界。

…清代徐扬的《端阳故事图册》中的观竞渡图

…当代龙舟竞赛的场景

二、游泳

◎中国历史上关于游泳的最早记载见于春秋时期的典籍，如《诗经》中说："就其深矣，方之舟之；就其浅矣，泳之游之。"另外，在《管子》一书中，也有关于"齐民之游水"的说法。不过，这并不意味着我们的祖先直到春秋时期才学会游泳。因为远古人类大多傍水而居，水中的鱼类一直是他们主要的食物来源之一，而人们只要长期在水中捕鱼，就会很自然地学会游泳。

…西藏布达拉宫中描绘游泳场景的清代壁画

1. 游泳技术在军事上的应用

中国是一个多江河湖泊的国家，尤其是在中国的南方，水网密布，历来有江南泽国之称。春秋战国时期，战争频繁，一些国家看到水路运输具有比陆路运输快捷、安全的特点，便发展出了一种特殊的军事力量——水师。水师相当于现代的海军，是专门依靠船只在水上作战的部队。既然在水上作战，就难免落水，落水者若不识水性，就必死无疑，所以，水师对士兵的游泳训练极为重视。据《管子·轻重甲》记载，春秋时期，齐桓公打算进攻孤竹离枝，又害怕南边的越国水师前来进攻，便向相国管仲问计。管仲回答说，越国的优势在于它有强大的水师，如果我们下令用重金奖赏能游泳的人，从而使会游泳的人越来越多，我们就用不着怕越国了。后来，齐国果然培养出了大批擅长游泳的人。书中称："令曰：能游者赐千金。未能用千金，齐民之游水，不避吴越。"

…战国时期的宴乐采桑狩猎交战纹铜壶，上面刻有大量反映当时水师作战场面的图案

另外，在四川成都出土的一个战国时期的铜壶上的图案，也向我们展示了当时水陆攻战的场面。图中的战士有的在浮游，有的在潜泳，有的在水中厮杀，反映了那个时代战争的残酷。

在以后的历史中，水师一直是军队中一支重要的力量，而水兵的游泳训练也一直没有停止过。据史载，西汉武帝时，因准备南下讨伐昆明国，就先在长安西南开凿了方圆达40里的昆明池，天天让水师在里面练习游泳、划船、潜水等技艺。北宋时，出于平定南方诸国的需要，也专门在汴梁的西北挖了一个周长9里的人工湖，取名金明池，专门用于操练水军。除此之外，三国时期的赤壁之战，五代十国时期的唐梁之战，明朝的抗倭战争，乃至解放战争时的渡江作战，等等，均可看到一些擅长游泳的军人在其中所起的重要作用。

2. 潜泳的特殊功用

潜泳即潜入水中游泳。潜泳作为游泳运动的一个分支，是与游泳同时产生的。在中国古代，并无专门的潜泳训练项目，它基本上是游泳者在游泳时自然培养而成的一种技能。关于游泳与潜泳的关系，宋人苏子瞻的一段话颇具参考价值："南方多没人，日与水居也。七岁而能涉，十岁而能浮，十五岁而能没也。"这里的"没"，是指潜泳；"浮"，则指游泳。

…清代绘画《云南猓猓图说》中描绘的潜入水中捕鱼的原始部族人

潜泳是实用性较强的一种技能，这种实用性主要表现在两个方面，一是捞取水中的物品，二是用于军事目的。

在《列子·说符》中记录了这样一则对话："白公问曰：'若以石投水，何如？'孔子曰：'吴之善没者能取之。'"这里的"善没者"，就是指擅长潜泳的人。孔子说吴国的擅长潜泳的人能把投入水中的石头捞出来，说明潜泳者具有捞取水下之物的能力。水

…明刊本《水浒传》中的张顺水中擒敌图

中拥有丰富的物产，有鱼类、珠蚌、海参等等，那些擅长潜泳的人就能把这些东西捞上岸来，以换取财物。据史书记载，在广西合浦有珠池，在海下很深的地方，因合浦之珠很贵重，有不少擅长潜泳的人便不顾生命危险潜入深海捞珠。在中国沿海，还有一种被称为“海碰子”的人，他们的工作就是趁落潮时潜入海中采集海参、海贝等物。

…明刊本《天工开物》中的潜水采珠图

至于把潜泳用于军事目的的例子，则是数不胜数。据《资治通鉴》记载，五代时，后周将领张永德率兵与南唐水军交战。一天晚上，张永德派擅长潜泳的兵卒偷偷潜游到南唐水军的船下，用铁索把这些船只系在一起。第二天，张永德派兵攻打南唐水军，南唐水军因船只无法移动，大败亏输。另据《旧五代史》记载，五代时，梁唐两军交战，梁军利用战船将唐军的南北两寨隔绝，使其无法相互救援。这时，唐军起用军中擅长潜泳的马万兄弟，让他们利用潜泳技术，在南北两寨间来回传信，并最终火烧梁军战船，解除了围困。类似的情节在小说中也屡有出现，如《水浒传》中就描写了这么一段故事：朝廷屡次征讨水泊梁山，均以失败告终。太尉高俅为了彻底荡平梁山，建造了数艘庞大的战船，驶入水泊。结果，打鱼出身的阮氏兄弟等梁山好汉发挥他们出色的潜泳技能，把朝廷的战船凿沉，高俅

…明刊本《水浒传》中描绘梁山好汉凿沉高俅所坐战船的插图

…隋代(581—618年)敦煌壁画中的游泳图

也束手被擒。

与普通的游泳活动相比，潜泳是一项较具风险的运动，因为潜泳者在水下游泳，必须屏住呼吸，若屏息时间过长，就会阻碍肺的血液循环，从而使大脑缺氧，严重者甚至会导致死亡。因此，潜泳者必须根据自己的身体状况，量力而行。

3. 中国历史上的游泳高手们

…绘于民国时期的周处长桥搏蛟图，马骀（tái）绘

中国优越的自然环境，也培养出了大批泳技出神入化的游泳高手，对他们的记载，可谓史不绝书。在《庄子·达生》中记载了一位吕梁丈夫，能在连鱼鳖都无法生存的巨大的瀑布中自如游泳："孔子观于吕梁，县水三十仞，流沫四十里，鼋（yuán）鼍（tuó）鱼鳖之所不能游也。见一丈夫游之，以为有苦而欲死也，使弟子并流而拯之。数百步而出，披发行歌而游于塘下。"另据战国时的《晏子春秋》，有一位名叫古冶子的勇士，能在水中长距离潜行，并杀死水中的蛟龙："潜行，逆流百步，顺流九里，得鼋而杀之。"西晋时期，有一位名叫周处的青年，为了杀死为祸人间的恶蛟，与它在水中连续搏斗三日三夜："投水搏蛟，蛟或沉或浮，行数十里，而处与之俱，经三日三夜，杀蛟而返。"另据《通幽记》记载，在唐德宗年间，有一个名叫周邯的人，买了一个十四五岁大的家奴，该家奴水性极好，能履水如平地，故周邯给他取名为"水精"。一次，周邯带着水精乘船路过三峡中水流最湍急的瞿塘峡，周邯让水精下水去，看看水有多深。没想到水精不但顺利地下到了

水底，还捞出了不少金银珠宝。上述记载或许有夸张之处，但历史上确实有人拥有超乎常人的泳技，这一点是确凿无疑的。

遗憾的是，中国历史上虽然游泳超人辈出，国中能游泳的人也数不胜数，但却没有发展出系统的竞技游泳活动。现代竞技游泳活动源自英国，并于19世纪末20世纪初传入中国。不过，近年来，中国游泳健儿在国际游泳大赛中屡屡夺冠，已逐渐显示出中国作为一个游泳大国的实力。

…现代游泳比赛的场景

三、弄潮

◎弄潮是一种特殊的游泳活动，这里特指每年农历八月浙江钱塘江大潮时，游泳者迎着潮头表演泳技的一种活动。

…清代袁江绘制的《观潮图》，描绘了钱塘江潮涌时的磅礴气势和在巨涛间出没的渔人的无畏气概

浙江钱塘江大潮是一种自然奇观，每到农历八月十五日至十八日，汹涌的海水进入钱塘江口，因水量巨

大，江面狭小，从而形成高达数米的大潮，如万马奔腾，极为壮观。然而，就是面对此滔天巨浪，自幼生长在钱塘江边的渔家子弟，却无畏无惧，凭着自幼练成的泳技，勇敢地迎潮而上，在波涛之间自由出没，令人叹为观止。他们也因此为自己博得了一个极佳的名声：弄潮儿。

钱塘江弄潮活动在我国有十分悠久的历史，早在唐朝诗人李益所写的诗中就有“弄潮儿”的说法：“嫁与瞿塘贾，朝朝误妾期；早知潮有汛，嫁与弄潮儿。”至宋代，弄潮活动达到它的全盛时期。当时有大量的笔记、诗文对钱江潮及弄潮儿进行形象的描绘，其中最具代表性的当数宋人周密的《武林旧事》中的一段话：“浙江之潮，天下之伟观也，自既望以至十八日为最盛，方其远出海门，仅如银线；既而渐近，则玉城雪岭，际天而来，大声如雷霆，震撼激射，吞天沃日，势极雄豪。……吴儿善泅者数百，皆披发文身，手持十幅大彩旗，争先鼓勇，溯迎而上，出没于鲸波万仞中，腾身百变，而旗尾略不沾湿，以此夸能。而豪民贵宦，争赏银彩。”

弄潮儿高超的技艺和英勇无畏的精神，赢得了观潮者的齐声喝彩，也让一些文人墨客诗兴大发，他们用饱含激情的笔墨，对弄潮儿的壮举进行讴歌，如辛弃疾曾这样写道：“吴儿不怕蛟龙怒，风波平步，看红旗惊飞，跳鱼直上，蹴踏浪花舞。”另有一位诗人则这样写道：“弄罢江潮晚入城，红旗飐飐（zhǎn zhǎn）白旗轻。不因会吃翻头浪，争得天街鼓乐迎。”描绘了弄潮儿受到人们欢迎的盛大场面。词人潘阆亦有《酒泉子》一首，抒发自己观看弄潮的感

…绘于宋代的《钱塘秋潮图》

···正在搏击风浪的当代“弄潮儿”

受:“长忆观潮,满郭人争江上望。来疑沧海尽成空,万面鼓声中。弄潮儿向涛头立,手把红旗旗不湿。别来几回梦中看,梦觉心尚寒。”

但是,并不是人人都对弄潮儿的行为持欣赏的态度。因为在滔天巨浪中游泳,是一件极具风险的事,稍有不慎,就会葬身江底。因此,有人主张制止这种冒险活动。正因为抱着这样的心态,他们在称呼弄潮儿时也充满了轻蔑,如宋人吴自牧在《梦粱录·观潮》中就用“一等无赖不惜性命之徒”来指称弄潮儿:“其杭人有一等无赖不惜性命之徒,以大彩旗或小清凉伞、红绿小伞儿,各系绣色缎子满竿,伺潮出海门,百十为群,执旗泅水上,以迓子胥。弄潮之戏,或有手脚执五小旗,浮潮头而戏弄。”苏东坡在《咏中秋观夜潮》中也认为弄潮儿之所以甘冒性命危险去弄潮,纯粹是为了获得观众赏赐的银钱:“吴儿生长狎涛澜,冒利轻生不自怜。”正因为对弄潮存在种种反对意见,故到南宋时,官府也曾一度禁止弄潮活动。

但是,由于弄潮活动受到群众的欢迎,因此,它并未被彻底禁绝。到了明清时期,仍有人在钱塘江大潮时举行弄潮表演,只是规模已远不如宋代了。

四、冰嬉

◎冰嬉即在冰上进行的游乐活动。中国古代冰嬉内容丰富，名目繁多，较具代表性的有滑擦、冰上蹴鞠、冰床、冰上杂技等等。

◎中国北方每到冬天，江河湖泊都会结上坚冰，人畜可自由自在地在冰上活动。尤其是在东北地区，结冰期长达4－5个月。因此，冰嬉在中国当有十分悠久的历史。不过，我国有史料记载的冰嬉活动直到宋代才出现，如在《宋史·礼志》中有“上（即皇帝）幸后苑，作冰嬉”的记述。另在宋人沈括的《梦溪笔谈·讥谑》中，也有对当时的冰床之戏的记述：“冬月作小坐床，冰上拽之，谓之凌床。予尝按察河朔，见挽床者相属，问其所用，曰：‘此运使凌床，此提刑凌床也。’”

1. 冰嬉：满清统治者眼中的“国俗”运动

明清时期，冰嬉开始普及。尤其是在清代，冰嬉活动更是被提到“国俗”（乾隆帝语）的高度。每到冬天，在京城的护城河、运河、太液池中，到处都可见到冰嬉的热闹场面。

…绘于清代的《拖床冰嬉图》

…清代丁观鹏等绘的《皇清职贡图卷》中的赫哲人冰嬉图。赫哲人居住在东北黑龙江一带

冰嬉在清朝之所以受到推崇，并被奉为“国俗”，与满清统治者有直接的关系。因为满清发祥于长白山以北，那里，每到冬天，到处是一片冰天雪地的世界。满人主要以狩猎为生，常常在冰面上追逐动物。为了更快捷地在冰上行动，他们发明了一种被称为乌拉滑子的滑冰器械，其性质与现代的冰鞋颇为类似。有了乌拉滑子，他们在冰上的滑行速度就大大加快，从而为冰嬉活动的广泛开展打下了基础。

而且，满人还曾成功地把乌拉滑子运用到军事行动中。据《清语择抄》中的“乌拉滑子”注中称，清太祖努尔哈赤未入关前，有一次远征巴尔虎特部落时，不慎被围困在墨根城。他的部将费古烈得知消息后，赶快派部队去救，“所部兵皆着乌拉滑子，善冰行……一日夜行七百里，满兵至，巴尔虎特尚弗知”，终于成功地解救了努尔哈赤。因此，满清入主中原后，统治者要求八旗兵将保持尚武的习俗，并规定，每到冬季结冰后，关外水师都要练习滑冰。而在京城，则每年冬天都要在太液池（即今北海、中南海）令八旗兵表演冰嬉。

太液池冰嬉活动举行得十分隆重，一般每到农历10月，便要开始为冰嬉活动作准备。参加冰嬉表演的人数通常为1600人，八旗中每旗出200人。冰嬉活动开始时，这1600人分作两列，鱼贯滑过太液池上3座

…清代宫廷画家绘制的《雍正帝十二月令行乐图》中描绘的冰嬉场面

…清代宫廷画家绘制的《冰嬉图》(局部)，描绘了太液池冰嬉的盛大场面

高大的彩门，然后做速滑、射天球、冰上技巧等各种表演。届时，皇帝都会率文武百官亲临观摩，并表彰成绩优异者。关于太液池冰嬉的情况，《燕都杂咏》中有这样的记载："西苑太液池，每岁冰合，有冰嬉之典，借以习武，上亲临观。"在《日下旧闻考》中也说："太液池冬月表演冰嬉，习劳行赏，以阅武事而修国俗。"乾隆时的内廷供奉张为邦、姚文瀚等甚至专门绘有《冰嬉图》，以再现太液池冰嬉的盛况。

2. 丰富多彩的民间冰嬉活动

除了太液池冰嬉，民间的冰嬉活动也开展得十分热烈。概括起来，清代民间的冰嬉活动主要包括以下几个方面的内容。

一是滑擦。滑擦即滑冰，主要是比赛速度。清人潘荣陛在《帝京岁时纪胜》中说："冰上滑擦者，所著之履皆有铁齿，流行冰上，如星驰电掣，争先夺标取胜，名曰溜冰。"对于滑冰时的情景，清人宝竹坡在《冰嬉》一诗中有这样的描绘："朔风卷地河水凝，新冰一片如砥平。何人冒寒作冰嬉，练铁贯韦当行滕(téng)。铁若剑脊冰若镜，以履踏铁摩镜行。其直如矢矢逊疾，剑脊镜面刮有声。左足未往右足进，指前踵后相送迎。有时故意作攲（qī）侧，凌虚取势叙燕轻。飘然而行陡然止，操纵自我随纵横。”

二是打滑挞。打滑挞是一种高台滑冰，即先筑成高数丈的冰山，滑冰者从冰山上向下滑，以到平地后不摔倒者为胜。《清稗类钞·技勇类》中有关于打滑挞的记载 ：“冬月打滑挞，先汲水浇地使冰，遂成冰山，高三四丈，莹滑无比。乃使勇健兵士著带毛猪皮履，其滑更甚，自其巅挺立而下，以到地不仆者为胜。”

三是冰上蹴鞠。冰上蹴鞠即冰上踢球，球以皮革制成，比赛者分为两队，每队数十人，先把球抛向空中，等球落下时，比赛双方上前争抢，抢到者为胜。也可以用脚把球踢远，大家再去争抢。关于冰上蹴鞠，潘荣陛的《帝京岁时纪胜》中有这样的记述：“冰上作蹴鞠之戏，每队数十人，各有统领，分位而立。以革为球，掷于空中，俟其将坠，群起而争之，以得者为胜。或此队之人将得，则彼队之人蹴之令远。欢腾驰逐，以便捷勇敢为能。”

……清代吴友如等绘的《点石斋画报》中的冰上行槎（chā）图，描绘了清代京城男女在冰上嬉戏的情景

四是拉冰床。拉冰床之戏，宋代即已出现。在明代，也有冰床之戏。据《明宫史·金集》载：“冬至冰冻，可拉拖床，以木作平板，上加交床或藁（gǎo）荐，一人在前引绳，可拉二三人，行冰上如飞。”不过，明代的冰床仅以木板制成，还比较简单。清代的冰床则在木板

清代宫廷画家绘制的《崇庆皇太后圣寿庆典图》中描绘的拖床冰嬉活动

下钉上钢条，使其滑行速度更加快捷。如《帝京岁时纪胜》中说：“寒冬冰冻，以木作床，下镶钢条，一人在前引绳，可坐三四人，行冰如飞，名曰拖床。”人们坐在冰床上，既可以享受快速滑行的乐趣，也可用它来进行比赛，还可以把它作为聚饮之处，与西湖中画舫上的聚饮相似。对此，清人富察敦崇在《燕京岁时记》中说：“明时积水潭，常有好事者联十余床，携都篮酒具，铺氍（qú）毹（shū）其上，轰饮冰凌中以为乐，诚豪侠之快事也。”关于清代的冰床之戏，清人杨静亭的《都门杂咏》诗中描写得极为形象：“十月冰床遍九城，游人曳去一毛轻。风和日暖时端坐，疑在琉

《拉冰床图》，选自绘于清代的《北京民间风俗百图》

…清代的花样滑冰动作，选自谷世权编著的《中国体育史》

璃世界行。”

此外，还有花样滑冰和冰上杂技表演等。花样滑冰的名目很多，有鹞子翻身、金鸡独立、童子拜观音等等。冰上杂技则是把陆上杂技的内容搬到了冰上，项目有飞叉、要刀、倒立、要幡等等，不过，因为是在冰上表演，其难度也远较陆上要大，故增加了不少观赏性。

现代滑冰运动源于西方，内容主要包括速度滑冰和花样滑冰，是冬季奥运会的正式比赛项目。现代滑冰运动与中国古代滑冰有许多相似或相通之处，故在19世纪末传入我国后，很快就普及开来。自20世纪60年代我国滑冰队参加世界滑冰大赛以来，一直有不俗的表现。在1990年至2000年的10年间，中国队在世界性的滑冰大赛中就夺得了55枚金牌。

第三章 跑跳运动

走及奔马

逾高超远

一、走及奔马

◎在古代中国人的心目中，马是常见的陆地动物中跑得最快的一种动物，因此，当一个人的奔跑速度极快、超过常人时，人们就会用“走及奔马”即跑得像马一样快来形容，这里的“走”是奔跑的意思。事实上，“走及奔马”正是对中国古代跑步运动的一种最好的概括。

…战国时期的漆奁彩绘车马人物（局部），图中正在马前奔跑的是两位侍从人员

1．夸父逐日

说到中国古代跑步，夸父是一个不可不提的人物，因为他为了与太阳赛跑，不惜牺牲自己的生命，堪称为跑步捐躯的古代英雄。关于夸父逐日的故事，《山海

…《夸父逐日图》，选自《中华古文明大图集》

经·海外北经》中有这样的记述："夸父与日逐走，入日，渴欲得饮，饮于河渭，河渭不足，北饮大泽，未至，道渴而死。"夸父逐日虽是一个神话，但是它寄托了古代中国人对奔跑速度的一种理想。

2．中国古代的跑步高手们

中国历史上关于跑步的最早记载见于商代，在出土的殷墟甲骨文中，可以见到"先马其海雨"、"马其先"之类的记载，这里的"先马"或"马其先"就是对跑步者的一种称谓。因为商代在君主出行或进行战争时，在马拉的车前都会有步兵开道，而当马车奔跑时，这些开道的步兵也要一起奔跑，并保持原有的队形。因此，这些步兵应当是训练有素的奔跑能手。

在周代的《令鼎》中，则有了对"令"和"奋"这两位奔跑能手的记载。据郭沫若《两周金文辞大系图录考释》对《令鼎》的解释，令和奋是西周时周成王的两位随从。一次，周成王乘马车去淇田春耕，令和奋步行跟随。在回宫的路上，周成王让马车快速奔跑起来，并对令和奋说，如果你们能跟上我的马车，就赏赐你们10家奴仆。结果，令和奋与马车同时到达了王宫。后来令利用周成王的赏赐铸了一个鼎，并把这件事的经过刻在鼎上，就称为《令鼎》。由此可见，令和奋是有历史记载的最早的能走及奔马的人。

春秋时期的吴国王子庆忌，有万夫不当之勇，而且，他的奔跑速度惊人，远远超过了令和奋，因为令和奋只是走及奔马，庆忌则是走逾奔马。据《吴越春秋·阖闾内传》记载："（庆忌）筋骨果劲，万人莫当。走追奔兽，手接飞鸟，骨腾肉飞，拊膝数百里。吾尝追之于江，驷马驰不及。"

魏晋南北朝时期，有一个名叫杨大眼的人，行走如飞，矫捷异常。据《魏书·杨大眼传》载，北魏孝文帝准备南伐时，命令尚书李冲挑选出征将官。杨大眼闻讯后，便前去应征，但未被录用。杨大眼急了，要求表演他擅长的跑步技能。在得到允许后，他把一根3丈长的绳子系在发髻上，然后快速奔跑起来。但见随着杨大眼的奔跑，这根绳子居然在他脑后水平地飘了起来，

…东汉时期(25—220年)的轺车画像砖，左侧是两位正在奔跑的"马前走"

"绳直如矢"，而且，连奔马都追不上杨大眼。李冲对他的奔跑本领极为欣赏，感叹道："自千载以来，未有逸材若此者也。"便录用他为将官。后来，杨大眼积功升至平东将军。

3．军队中的奔跑训练

春秋战国时期，随着步战逐渐取代车战，步兵的体能问题越来越受到各国军事家的重视。在步兵的体能中，跑步能力无疑是最基本的，因为无论是行军、奔袭，还是撤退、转移等军事行动，都需要士兵有较好的奔跑能力。因此，当时的军中，会经常进行对步兵奔跑能力的训练和考核。如据《墨子·非攻》载："古者吴阖闾教七年，奉甲执兵，奔三百里而舍焉。"意思是春秋时期的吴国国王阖闾在训练士兵时，要求他们身披铠甲，手执兵刃，连续奔跑三百里才能停下来休息。这无疑是一种运动量极大的训练。另据《荀子·议兵》，战国时期，魏国将领吴起在训练士兵时，也要求他们全副武装，在半日之内跑完百里："魏氏之武卒，以度取之，衣三属之甲，操十二石之弩，负服矢五十个，置戈其上，冠軸(zhōu) 带剑，赢三日之粮，日中而趋百里，中试，则复其户，利其田宅。"据史载，凭借吴起的这种练兵方式，魏国曾一度成为战国时期的军事强国。

…河南新野出土的汉代画像砖《朱雀·百戏》中的跑步人物形象

始于春秋战国时期的这种练兵方式，在以后的历史

…汉代的车马出行墓壁画

…西晋时期(265—317年)画像砖
中的中国古代驿使形象

中，也一直受到人们的重视。如唐代的李筌在《太白阴经》中说："探报计期，使疾足之士。"意即军事侦察人员应该由擅长奔跑的人来担任。《宋史·兵志》也把"走跃"能力作为招募新兵时的重要考核指标。而在元代，为了保持军队的战斗力，则出现了一种定期的军中长跑比赛。长跑比赛在担任上都和大都禁卫军的名为"贵由赤"的军中举行，据元人陶宗仪的《南村辍耕录》记载，比赛时，"在大都，则自河西务起程；若上都，则自泥河儿起程。越三时，走一百八十里"。这里的"三时"指3个时辰，即6个小时。根据规定，这种比赛每年举行一次，获胜的前三名可以得到白银、绸缎等奖赏。明代对军人的跑步能力也很重视，如抗倭名将戚继光的《纪效新书》中就明确说："凡平时各兵，须学趋跑，一气跑得一里，不气喘才好。"

4. 驿传中的跑步能手：急脚递

在中国古代，跑步除了在军事中运用，还广泛地应用到社会生活的各个领域，宋元明清时期在邮件传递中使用"急脚递"就是最明显的例子。急脚递即用跑步的方式来传送邮件，它是古代邮递中最快的一种方式，相当于现代的特快专递。在宋代沈括的《梦溪笔谈·官政》中，曾这样介绍当时的邮递方式："驿传旧有三等，曰步递、马递、急脚递，急脚递最遽，日行四百里。"意即宋代邮递分为步行递送、用马递送和奔跑递送即急脚递三种方式，奔跑递送的方式最快，一天能跑400里。当然，所谓"日行四百里"，并不是指一个人一天跑400里，而是采用辗转相递的方式，每隔10里或15里换一个人，类似于长距离的接力赛跑。

…现代体育中的跑步竞赛

清代仍保留了这种“急脚递”的邮递方式。不过，值得一提的是，清政府专门使用台湾少数民族中的擅长奔走者来担任急脚递。因为当时人们发现，台湾的少数民族是国内最长于奔跑的民族，据《清稗类钞》载：“台湾番人自幼习走，辄以轻捷较胜负，练习既久，及长，一日能驰三百余里，虽快马不能及。”用这些“虽快马不能及”的人来担任急脚递，也可谓人尽其才。

作为现代正式体育比赛项目的跑步在我国始于20世纪初。跑步是国际体育大赛中极为重要的项目，有短跑、中长距离跑、马拉松跑、接力赛跑、跨栏跑、越野跑、竞走等诸多内容。目前，我国跑步选手在跨栏跑、中长距离跑、竞走等项目中都有上佳表现。

二、逾高超远

◎按照现代的话来说，逾高超远就是跳高跳远。跳高跳远是人类一项最基本的技能，在远古人类的生产劳动如狩猎、采集果实等活动中就开始运用。

在中国古代，逾高超远一直是作为一种军事技能在军队中训练和应用的。成书于先秦时期的《吴子》一书中，就记述了著名军事家吴起根据士兵的不同素质组织队伍，其中逾高超远出众者被认为是具有特殊素质的一类，是军中的精锐："民有胆勇气力者聚为一卒，

…清代吴友如等绘的《点石斋画报》中的奇人轶事图，描绘了一位具有惊人跳远能力的人

乐以进战效力以显其忠勇者聚为一卒，能逾高超远、轻足善走者聚为一卒……此五者，军之练锐也。有此三千人，内出可以决围，外入可以屠城矣。”另在《六韬·练士》中，也有“逾高绝远、轻足善走者，聚为一卒，名曰寇兵之士”的说法。在《左传·哀公八年》中，则记载吴鲁交战时，鲁大夫微虎为了选拔士卒去执行任务，专门把能三次跳过某一高度作为选拔的标准，并最终从700人中选出了300人：“微虎欲宵攻王舍，私属徒700人，三踊于幕庭，卒300。”

在冷兵器时代，士兵的体能往往是决定战争胜负的关键因素，那些擅长逾高超远的士兵，无论在攻城、追敌、保存自身等方面，均具有常人不可比拟的优越性，因此，古代战争中重视对士兵逾高超远能力的要求和训练是必然的。在唐代的《太白阴经》中，也强调要把那些擅长逾高超远的人用重金吸收到军队中来：“逾城越堡、出入庐舍而无形迹者，上赏得而聚之，名曰矫捷之士。”在宋代的军事训练中，则尤其注重对士兵逾高超远能力的训练，如据《宋史·岳飞传》，岳飞在训练岳家军时，曾专门让士兵穿上双重铠甲做跳战壕的练习：“师每休舍，课将士注坡跳壕，皆重铠习之。”

另外，在中国古代的史书中，还记载了一些具有超常的逾高超远能力的奇人。在《汉书·甘延寿传》中，称甘延寿有超人的跳跃能力，能一跳跳过“羽林亭楼”：甘延寿“投石拔距绝于等伦，尝超逾羽林亭楼”。《陈书·周文育传》中，说周文育能逾高达六尺，无人能及：“周文育，字景德，义兴阳羡人也。少孤贫……年十一，能反覆游水中数里，跳高五六尺，与群儿聚戏，众莫能及。”另在《陈书·黄法氍(qū)传》中也记载黄法氍能一跃达三丈：“黄法氍，字仲昭，巴山新建人也，少

…现代体育中的跳高运动

劲捷，有胆力，步行日三百里，距跃三丈。”

逾高超远虽然是人的体能的一种重要体现，但是，因为这种活动本身过于简单，因此，在中国历史上，它们大多是应用于军事或武术、杂技表演中，而没有作为一项独立的运动开展起来。直到20世纪50年代，因为考虑到跳高跳远是国际体育大赛中的重要项目，这项运动才开始受到国人的重视。

第四章
投掷
投壶
投石
击壤
打髀殖

一、投壶

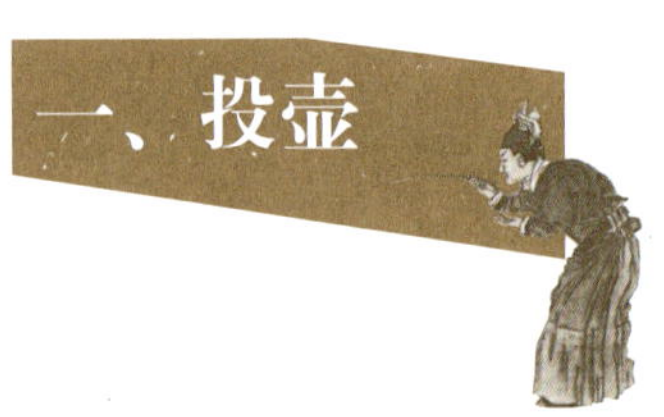

◎投壶是在春秋时期出现的一种兼具礼仪与娱乐功能的活动，具体做法是：以酒壶为器皿，把去掉箭头的箭从距酒壶几尺远的地方向壶中投掷，投中者得分，不中者则罚酒。

1．投壶：从宴饮礼仪演变为纯粹的娱乐活动

投壶源自射礼。根据周代礼仪规定，凡是正规的宴饮，开始前一定要举行各项仪式。在这些仪式中，射礼是较为重要的一项。举行射礼时，主客双方都要前往射箭场所射箭，这不仅要求有很大的射箭场地，还要有不少人在旁侍候，因此，无疑是过于麻烦了。为了使宴会举行得既符合礼仪，又方便快捷，于是人们便发明了投壶之戏，以投壶来象征射箭。对此，明人汪禔(zhī)在《投壶仪节》一书中有明确的说明：“投壶，射礼之细也，燕而射，乐宾也。庭除之间，或不能弧矢之张也，故易之以投壶。”

关于春秋时期投壶之戏的具体情况，《左传》中的一则记载极具代表性。据该书的“昭公十二年”载，晋昭公大宴各国君主，席间，与齐景公举行投壶之戏。晋国大臣穆子担任投壶的主持人，他首先说：“有酒如淮，

…东汉时期的投壶画像石

有肉如坻（chí），寡君中此，为诸侯师。”说毕，晋昭公投壶，结果投中了。接下来由齐景公投。齐景公口中念念有词，说：“有酒如渑，有肉如陵，寡人中此，与君代兴。”这说明，当时的投壶之戏，不是光投壶即可，还要有一定的仪式。因此，《礼记·投壶》中称：“投壶之礼，主人奉矢，司射奉中，使人执壶，主人请曰：‘某有枉矢哨壶，请以乐宾。’”

汉魏时期，投壶活动仍然流行。而且，当时的投壶之戏与先秦时相比，有了不少的改进。一是制作了专门用于投壶之戏的壶，而不再简单地用酒壶来代替。据《投壶赋》称，当时的壶“高三尺，盘腹修颈，饰以金银，文以雕刻”，可见是十分讲究的。二是用于投射的不再是箭杆，而是改用一种特制的竹箭。三是在投法上有了创新，发明了一种名为“骁（xiāo）”即利用反弹力的投法。因为原来在投壶时，为了防止投入的箭因弹

…明代的《宣宗宫中行乐图》（局部）中描绘明代宫廷中投壶的场面

…绘于民国时期的东汉大将祭遵雅歌投壶图，马骀绘

力掉到壶外，专门在壶内装上小豆。而用骁法投壶，则不仅不需要在壶内装小豆，而且故意让壶的内壁把箭反射回来，这样，用一枝箭就可以反复投壶。

到了宋代，由于理学的兴盛，人们对投壶时的礼节变得特别讲究。司马光专门著有一本名为《投壶新格》的书，要求人们在投壶时讲究中正之道："投壶可以治心，可以修身，可以为国，可以观人"，"夫投壶不使之过，亦不使之不及，所以为中也。不使之偏颇流散，所以为正也。中正，道之根柢也"。但是，因为过分讲究投壶时的礼仪，反而使投壶的乐趣大大减少，从而束缚了这项活动在宋代的发展。

也许是物极必反吧，到了明清时期，人们不再在投壶时作那么多的讲究，而是把它看作一种纯粹的娱乐活动，并且发明了不少新的玩法。如据明人谢肇淛(zhē) 在《五杂俎·人部》中说："今之投壶名最多，有春睡、听琴、倒插、卷帘、雁衔芦、翻蝴蝶等项，不下三十余种。"投壶的娱乐性增强了，玩的人自然也就多了，因此，在明清小说如《金瓶梅》、《红楼梦》等书中，都有不少关于玩投壶之戏的描写。

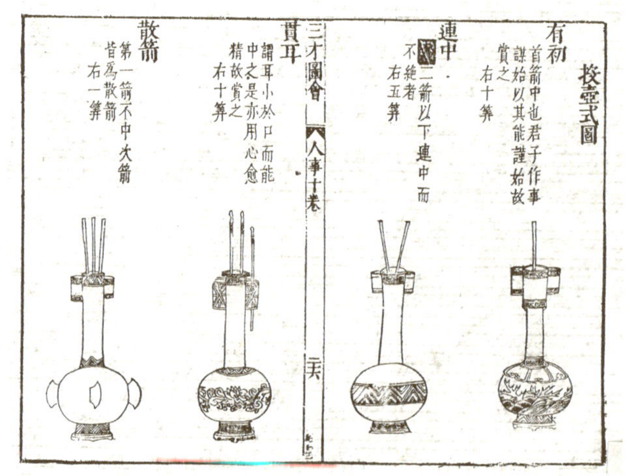

…明代《三才图会》中介绍投壶方法的投壶式图

2. 投壶高手的投壶绝技

由于投壶之戏在中国历史上的兴盛，也出现了不少玩投壶之戏的高手。如据晋代葛洪的《西京杂记》载，汉武帝时，宫中有一位名叫郭舍人的优伶，他用骁法投壶，一枝箭能反复投一百多次，且次次皆中，“激矢令还，一矢百余反，谓之为骁”。据说汉武帝特别爱看他投壶，还不时地给予赏赐。在晋代，也有不少投壶高手。据《晋书》记载，石崇有一个家妓，能隔着屏风投壶，且百发百中。另据晋人孙盛的《晋阳秋》载，有一个名叫王胡的人，其技可与石崇之妓媲美，不过，他不是隔着屏风投壶，而是闭着眼睛投，仍能百发百中。在唐代有位名叫薛眘(shēn) 惑的人，其技甚至超过王胡。因为据《朝野佥载》记述，他能背对着壶用

清人喻兰绘制的《仕女清娱图册》中正在投壶的仕女

…清代任渭长绘制的《投壶图》

骁法投壶:“薛眘惑者，善投壶，龙跃隼飞，矫无遗箭，置壶于背后，却反矢以投之，百发百中。”到了明代，有个名叫苏乐壶的人，因投壶技术高超，被人称为“投壶绝”。明人沈榜在《宛署杂记》中详细记录了苏乐壶的绝技，称他不仅能背身投壶，还能用3枝箭同时向3个壶投射，且从不失手。

到了清末，因为各种新奇刺激的体育及娱乐活动从海外的传入，投壶活动的局限性日见明显，从事这项活动的人也越来越少，投壶之戏便渐渐从社会上消失了。

…清代的铜投壶

二、投石

◎投石即投掷石块。投掷石块是人人都会且几乎每个人都曾做过的一项活动。早在远古时期，人类就通过投掷石块来采集果实、对付猛兽。不过，这里要说的投石，并不是指普通的投掷石块，而是指中国古代的一种军事训练活动。

作为军事训练活动的投石，最早的记载见于《史记·白起王翦列传》。书中称，战国末年，秦将王翦率领60万大军攻打楚国，楚国发动全国的军队进行抵抗。但是，王翦并不急于发动进攻，而是每天让军人锻炼身体，养精蓄锐。一天，他问手下人军中的情况，手下人告诉他说，军人们正在进行投石和跳跃方面的训练。于是王翦说，这样的军人可以发挥作用了："王翦至，坚壁而守之，不肯战。荆兵数出挑战，终不出。王翦日休士洗沐，而善饮食抚循之，亲与士卒同食。久之，王翦使人问军中戏乎？对曰：'方投石超距。'于是王翦曰：'士卒可用矣'。"此处所说的投石，据谷世权编著的《中国体育史》说："这里指投12斤的重石头以打敌人，属军事技能。"

当然，史料中关于军中投石训练的最早记载在战国末年，并不是说直到战国末年才开始在军中有投石训练，而是最晚到战国末年，投石就已经是军事训练的一种手段了。

此后，投石一直作为军事训练的重要手段在军队中开展。到了两汉时期，出现了一位投石能力超人的奇才。此人名叫甘延寿，字君况，北地郁郅（今甘肃庆阳）人。他不但擅长骑射，有过人的跳跃本领，而且能把12斤（古制）重的石头投出200步（古制）远。在《汉书·甘延寿传》中有这样的记载：甘延寿"少以良家子善骑射为羽林，投石拔距绝于等伦，尝超逾羽林亭楼"。在张晏所作的注中说："《范蠡兵法》飞石重十二斤，为机发，行二百步。延寿有力，能以手投之。"换算成现在的数据，古代的12斤相当于现在的7.5斤，古代的200步相当于现在的200多米。若果真如此，甘延寿的投掷能力真可谓匪夷所思了。

在汉代以后的历史中，军中是否继续存在投石训练，史料中罕见记载。但是，在小说《水浒传》第七十回"没羽箭飞石打英雄，宋公明弃粮擒壮士"中，则为我们讲述了一位名叫张清的投石高手。书中称，梁山英雄为了筹集钱粮，率兵攻打东昌府。东昌府有位名叫张清的守将，惯会用飞石打人，且百发百中。梁山上著名的好汉如金枪手徐宁、双鞭呼延灼、赤发鬼刘唐、青面兽杨志、双枪将董平等在张清手中飞出的小小石子面前，不是翻身落马，便是落荒而逃。我们来看看其中张清飞石击伤金枪手徐宁的一段描述："徐宁飞马直取张清，两马相交，双枪并举。斗不到五合，张清便走，徐宁去赶。张清把左手虚提长枪，右手便向锦袋中摸出石子，扭回身，觑得徐宁面门较近，只一石子，可怜悍勇英雄，石子眉心早中，翻身落马。"对于张清的投石本领，书中这样赞道："锦袋石子，轻轻飞动似流星。不用强弓硬弩，何须打弹飞铃。但着处，命须倾。"

……明刊本《水浒传》中的没羽箭飞石打英雄图

不过，张清的投石功夫与上文所说的作为军事训练手段的投石似乎稍有不同，因为作为军事训练手段的投石以训练力量为主，且所用石头较大较重，而张清则是把力量与准头结合起来，直接运用于战阵之中，而且所用的石头也相对较小。

三、击壤

◎击壤是一种古老的投掷活动，据《逸士传》称，早在尧时，就已经有了击壤活动："尧时有壤父五十人，击壤于康衢。"当然，这只属于一种传说，其真实性如何，无法确考。

据三国时魏国人邯郸淳在《艺经》中的介绍，壤是一种木制的形状似鞋的东西，长一尺四寸，宽三寸左右，上部宽，下部窄。击壤的人数不限，可一个人自娱自乐，亦可数人甚至数十人一起举行比赛。投掷时，先把一壤斜插在地上，投掷者再退到离此壤三四十步开外，然后用手中拿着的壤向地上的壤投掷，投中者为胜，否则为负："壤以木为之，前广后锐，长尺四，阔三寸，其形如履"，"将戏，先侧一壤于地，遥于三四十步以手中壤敲之，中者为上"。

木制的壤很轻，所以击壤不是一种比力量的运动，而主要是比准头、眼力与动作的协调性。因此，在古代，击壤是一种深受老人喜爱的运动，故《逸士传》中称击壤者为"壤父"，东汉刘熙的《释名》中则明确说："击壤，野老之戏。"

或许因为击壤属"野老之戏"，难登"大雅之堂"，故它的普及程度远远不及蹴鞠、重阳登高、龙舟竞渡等活动。但它在民间一直流传不绝，则是客观的事实，这一点，从历朝历代的不少诗文中可以得到诸多的证据。如晋代的张协在《七命》诗中说："玄龆巷歌，黄发击

壤。”意即黑发的幼儿在巷中歌唱，黄发老者在玩击壤之戏。唐代的李峤在《喜雨歌》中说：“野洽如坻泳，途喧击壤讴。”“途喧击壤讴”即道路中响彻击壤的歌声。宋代的范成大也在诗中说：“谁知细细青青草，中有丰年击壤声。”

至清代，击壤之戏有了新的变化。这一点，可以从清人周亮工的《因树屋书影》一书中得到反映。书中说：“所云长尺四者，盖手中所持木；阔三寸者，盖壤上所置木。二物合而为一，遂令后人不知为何物矣。阔三寸者，两首微锐，先置之地，以棒击之，壤上之木方跃起，后迎击之，中其节，木乃远去。击不中者为负，中不远者为负，后击者较前击者尤远，则前击者亦负。其将击也，必先击地以取势，故谓之击壤云。”周亮工在这里为我们提供了一种关于击壤的新的解释。在他看来，《艺经》中所说的长一尺四寸、宽三寸左右的壤，其实是两种东西，即一尺四寸长的木是击壤者手中所持的、准备用来击壤的工具，而三寸宽的木块，则是被击的对象，它两头微尖，被放置在地上。击壤开始，游戏者先用手中所持木击此小木块，当此小木块从地上弹起时，再以手中所持木猛击，击中、且将此木块击得远的，就是胜者。周亮工甚至认为，所谓击壤的“壤”，并不是指木块，而是指土壤，因为击壤者在将击木块时，必会先以手中所持木“击地以取势”，“故谓之击壤”。

周亮工的说法有无道理呢？我认为，关于击壤的内容，《艺经》中所载十分明确，没有产生歧解的可能。而且，清以前的一些有关击壤游戏的绘画，其内容也与《艺经》所载完全吻合。因此，我们宁可相信周亮工所解释的击壤是一种在古代击壤游戏基础上发展出来的、流行于清代的一种新的击壤游戏。

明代《三才图会》中的击壤图

四、打髀殖

◎打髀(bì)殖又名打髀石，是在北方少数民族中流行的一种投掷游戏。髀殖用动物的骨头制成，通常是取獐、狍、鹿等动物的腿前骨，剔净后，再在里面灌上熔化的铜、锡汁液，以增加其重量，提高投掷时的命中率。游戏时，先把三五根髀殖堆在一处，然后在远离髀殖堆的地方，用另一根髀殖向髀殖堆掷击，若掷中，则这些髀殖均归投掷者所有；若不中，则投掷者要拿自己的一根髀殖添入髀殖堆中，再由别人来投掷。从打髀殖的具体玩法来看，它与中原地区流行的击壤颇为类似。

早在宋朝的宋真宗时期，就有关于漠北地区居民从事打髀殖游戏的记载。清人李文田在注释《元朝秘史》中的“帖木真十一岁于斡难河冰上打髀石”一句时说：“《元史·太祖本纪》曰：‘咩（miē）捻（niǎn）笃敦第七子纳真诣押剌伊而部，路逢童子数人，方击髀石为戏。’据此，则打髀石乃漠北旧俗也。《契丹国志》曰：‘宋真宗时，晁迥往契丹贺生辰还，言国主皆佩金玉锥，又好以铜及石为槌以击兔。’然则髀石乃击兔所用，以狍鹿之骨角或灌铜而成也。”由此可见，漠北至少在契丹国时期，就盛行这种打髀殖的游戏。后来，契丹国为金所灭，金又为蒙古人所灭。至元朝时，打髀殖不仅在漠北流行，而且传入了中原，这从一些元曲中可以反映出来。如李寿卿的《伍员吹箫》中说：“我如今着我大的孩儿费得雄，他也是个好汉，常在教场中和小的们打髀殖耍子。”关汉卿在《邓夫人苦痛哭存孝》里也有“你饿时节挝肉吃，渴时节喝酪（lào）水，闲时节打髀殖，醉时节歪唱起”之句。

满清统治者发祥于漠北，他们对打髀殖也情有独钟。因为满人多以狩猎为生，而髀殖本来就是一种掷取兔子等动物的有效工具。因此，打髀殖既是一种游戏，也可以看作一种狩猎的训练。满人入主中原后，这种打髀殖的游戏也被带入了宫廷，在清代吴振棫（yù）的《养吉斋丛录》中有这样的记载：“岁暮，武英殿进背石骨，盖戏具，或云羊胫骨所为，满洲旧制也，至今循行之。清语‘嘎什哈’，白骨也。”

到了民国时期，在漠北的满族儿童中，仍流行打髀殖的游戏，对此，胡朴安的《中华全国风俗志》中说：“童子相戏，多剔獐、狍、麋、鹿前腿骨，以锡灌其窍，名喀什哈。或三或五堆地上，击之，中者尽取所堆；不中者与堆里一枚。多者千，少者十百，各盛于囊，岁时闲暇，虽壮者亦为之。”这也是关于打髀殖游戏的较为详尽的记载。

第五章 举重

拓关

扛鼎

举石

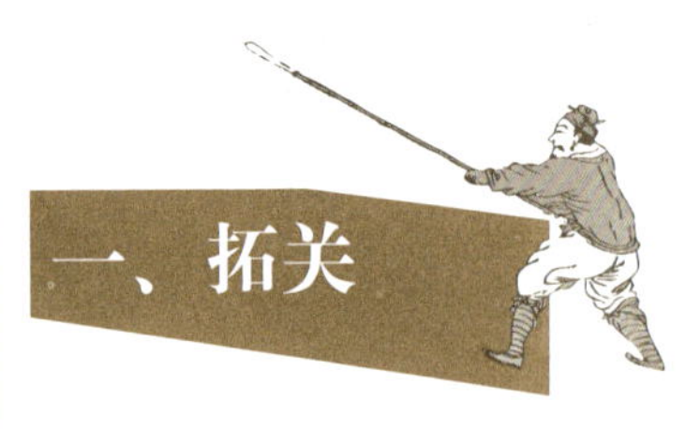

一、拓关

◎拓关又称翘关，指用手举起城门上的大门闩。因此，这里的拓，是举的意思，而关，指的是城门的门闩。

关于拓关的最早记载，见于《列子·说符》："孔子之劲，能拓国门之关。"在《吕氏春秋》中，也有类似记载。在春秋战国时期，因为战事频繁，因此，人们对于筑城尤其是修筑一个国家的都城都十分重视，其中的城门更是建得又宽又厚，以既便于军队出行，又有利于防御。又宽又厚的城门，必然要以巨大的木头来做门闩，所以当时的门闩都是十分笨重的。不过，门闩再笨重，也总是有限的，要把它举起来并非难事，那么，为什么又要用"能拓国门之关"来夸耀"孔子之劲"呢？原来，拓关并非简单地把门闩举起来就了事，而是用两手抓住门闩的一端，把门闩举起来。根据有关资料，当时的"国门"通常有四五丈宽，门闩的长度与此相当，试想一想，抓住一根四五丈长的粗木头的一端，把它举起来，能是一件容易的事情吗？在人们的心目中，孔子是著名的儒者，提倡文质彬彬，应是一位文弱书生。而事实上，孔子的身高超过1.8米，长得孔武有力，是当时著名的“长人”。

拓关是中国古代的一项特殊的举重活动，不过，这种举重活动多在军中进行，目的是锻炼军人的臂力。在中国古代战争中，长枪因为其尖利、能远距离击敌而成为军中、尤其是骑兵中最常使用的一种兵器，长枪通常长一丈八尺左右，有的甚至通体用铁制成，很是笨重。军人在用枪时，为了最大限度地发挥长枪的效能，尽量握枪的尾端，这种用力方式，与拓关极为相似。因此，拓关对增强军人的臂力有特殊的作用。

据史料记载，唐代对拓关活动十分重视，唐太宗在选拔“飞骑”部队成员时，就把能“翘关五举”即一口气拓关5次作为必要条件。另据《新唐书·选举志》，唐代从武则天开始设武举，武举的考试科目中就有拓关，并规定“翘关，长丈七尺，径三寸半，凡十举，后手持关距出处无过一尺”，即门闩的长度是一丈七尺，直径三寸半，必须一连举起10次，而且举门闩时后手离门闩的末端不得超过一尺。

不过，至唐以后，举石成为举重活动的主流，拓关也就渐渐退出了历史舞台。

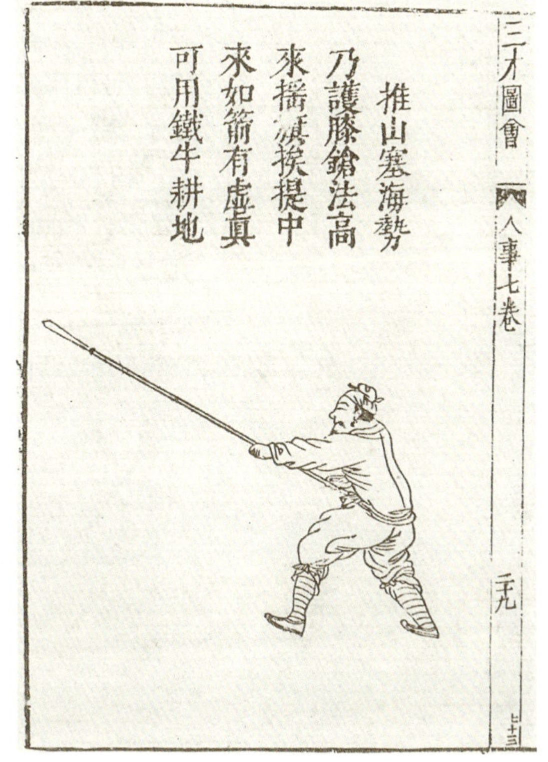

…明代《三才图会》中的枪术图。图中的枪术演练者双手握持枪杆的末端，其状与拓关颇为相似

二、扛鼎

◎扛鼎即举鼎，这里的鼎，指中国古代的一种用青铜制成的、用于烹煮食物的器皿，通常有三足或四足，两侧有耳，供把捉。鼎很笨重，往往轻则几百斤，重则逾千斤。因为鼎有足、有耳，便于用手提举，且重量较大，故扛鼎成为古代用于锻炼体力、显示力量的一种运动。

中国古代战争主要是一种勇气和力量的较量，所以，那些力大无穷的大力士往往受到人们的推崇。而显示力大无穷的最好办法，就是能把重逾千斤的鼎用手举起来。据《史记·秦本纪》记载，秦武王时，乌获、任鄙、孟说都是著名的大力士，他们均因“力能扛鼎”而受到秦武王的重用。另外，西楚霸王项羽也是位力能扛鼎的大力士，《史记·项羽本纪》中称他“长八尺余，力能扛鼎”。

扛鼎作为一种显示体力的运动，在汉代较为流行，这从考古发掘中出土的一些画像砖中可以得到充分

…东汉时期刻有扛鼎内容的画像石

的反映。另外，张衡在《西京赋》中描述百戏场面时也说："程角抵之妙戏，乌获扛鼎，都卢寻橦。"可见，至少在东汉时期，扛鼎仍是一种重要的百戏表演项目。

古人扛鼎，主要有两种方法，一种是单手举，一种是双手举。单手举即用一只手抓住鼎的一足，把它举起来；双手举即用双手抓住鼎的双耳，把鼎翻过来，使鼎足朝天，然后举过头顶。但是，因为鼎毕竟是一种食器，它不是专门为人锻炼体力而制造的，故扛鼎运动也存在一定的风险，当人们把鼎举起一半，或虽举过头顶，但力不能支时，极易对扛鼎者造成伤害。如上述《史记·秦本纪》中所载的那位秦武王，也是一位力量与乌获、任鄙等人在伯仲之间的大力士，他就是在一次举鼎时，因为没有把力量把握好，结果落下来的鼎砸断了他的胫骨，最终被活活疼死的。因此，到唐宋以后，随着石担、石锁等举重器械的产生，扛鼎便渐渐成为一种历史。

…巨大、沉重的铜鼎

三、举石

◎举石是一种举起石头制品或石制器械，以锻炼身体或显示力量的举重活动，内容包括举石狮、石墩、石磨盘、石担、石锁等等。

在中国古代举重的历史上，拓关、扛鼎都是较为古老的举重活动，至唐宋以后，由于石制品制作方便、成本较低，且易于抓举，举石便替代拓关、扛鼎，而成为举重活动中的主流项目。

在中国古代的笔记、小说中，常有对举石活动的记述和描绘。如据《歙（shē）州图经》记载，唐德宗时，有个名叫汪节的大力士，常在京城的渭桥下练武。一次，由于一时兴起，他把渭桥下的一只重逾千斤的大石狮子举起来掷出了1丈多远。为了使石狮回归原位，当地居民召集了10多个身强力壮的小伙子，却仍然无法挪动石狮，可见汪节的力气有多么的大。在小说《水浒传》第二十八回中，则有关于武松举石的描写，从一个侧面反映了宋代举石的情况：“武松把石墩略一摇，大笑道：‘小人真个娇惰了，那里拔得动。’施恩道：‘三五百斤的石头，如何轻视得它。’……武松便把上半截衣裳脱下来，拴在腰里，把那个石墩只一抱，轻轻

…描绘《选元戎》剧情的天津杨柳青年画《秦英力举双狮图》。据称秦英武艺高强，力大无穷。图中描绘的是他两手分别举起一只石狮的情形

地抱将起来，双手把石墩只一撇，扑地打下地里一尺来深。……武松再把右手去地里一提，提将起来，往空一掷，掷起去离地一丈来高。武松用双手只一接，接来轻轻地放在原旧安处。”从中可见，武松所举为石墩，且此石墩只有三五百斤，比汪节所举的石狮要轻得多，但武松是用单手把陷入土中1尺来深的石墩提起来，再往空中掷出1丈来高，因此，他的力量，当丝毫不逊于汪节。

…明刊本《水浒传》中的武松举石图

在清朝的武举科目中，专门有举石一项，亦称为掇石，石重分为200斤、250斤、300斤三种，以抱离地面1尺以上为合格。

不过，在中国古代，举石作为一种举重活动，主要还是作为武术训练的一个辅助项目，而且以举石担和石锁为主。石担的形状与现代举重中的杠铃相似，中间为一根木棒，两边为两块扁圆形的石块，石块的中间有孔，便于串在木棒上。这些圆石块甚至还专门被制作成不同的重量，以适应不同的人群及不同的训练目的。举石担的方法有两种，一为举，一为舞。举即用单手或双手把石担举起来，舞则为双手持石担进行舞动，可做出腰花、背箭、头花等各种动作。石锁的形状则酷似一把古代的锁，它的功能和玩法与现代的哑铃相似。

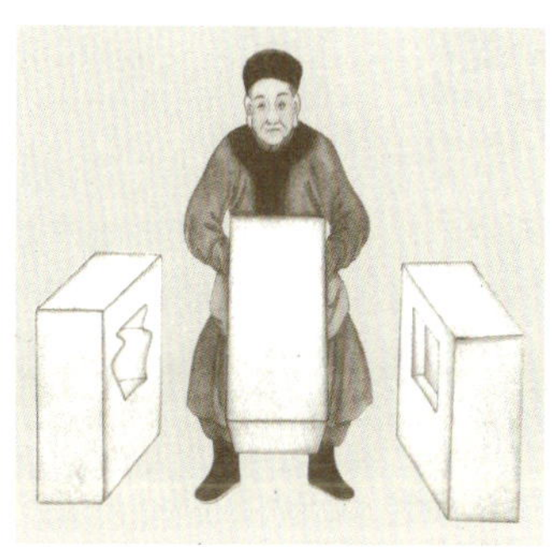

…清代《北京民间风俗百图》中的端技勇石图，描绘了清代武举考试时进行举石测试的情形

现代举重运动始于18世纪末的欧洲，于20世纪初传入中国，是奥运会的正式比赛项目，它以金属杠铃为器械，有一整套规范的训练方法和竞赛规则，这一切，都是中国传统的举石运动所缺乏的。

…清代《北京民间风俗百图》中描绘的正在街头举石卖艺的人

中国传统体育

第六章 角力

角抵
手搏
相扑
女子相扑
摔跤

一、角抵

◎角抵是秦汉时期人们对摔跤活动的一种称呼，在先秦时期，人们多称角抵为觳(hú)抵或角力。角抵源于上古时期的蚩尤戏。据南朝梁人任昉的《述异记》称，在炎黄时期，南方有一个蚩尤部落，人人头上长着角，与人作战时，就用角相抵，使人无法抵挡："轩辕氏之初立也，有蚩尤兄弟七十二人……与轩辕斗，以角抵人，人不能向。"后来，人们模仿传说中蚩尤部落的作战方式，进行角力比赛，比赛时头上扎冲天髻，以象征头上的角，这种活动，就称为蚩尤戏。

在冷兵器时代，人的体能在战争中具有至关重要的作用，而一个军人的角力能力，无疑是他的体能的一种重要标志，因此，古代军队中对角力的训练十分重视。如在《礼记·月令》中就有"孟冬之月……天子乃命将帅讲武，习射、御、角力"的记载。把角力与射箭、御车放在同等重要的位置，可见当时对角力是何等的重视了。

…吉林省集安县的高句丽墓壁画《角抵图》，绘于魏晋时期(220–420年)

《黄帝战蚩尤图》，选自《中华古文明大图集》。图中头上长角者即蚩尤

春秋战国时期，随着战争的日益频繁，人们对角力的重视程度进一步提高。据传，春秋末年，晋国的中军元帅赵简子爱好狩猎，在一次狩猎活动中，他的狩猎队伍被一只老虎、几只野猪冲得七零八落，有好几个人还因此受了伤。赵简子对此很是恼火。这时，大夫羊舌肸（xī）对赵简子说，狩猎队伍中之所以会出现如此尴尬的局面，是因为军中缺乏角力人才，如果有像卞庄子那样可以徒手搏虎的人，这种场面就根本不可能出现了。羊舌肸还趁机向赵简子推荐了一个名为少室周的人，称他是角力高手。赵简子用重金把少室周聘来，让他 1 个人与5个壮汉徒手搏斗，结果这5个壮汉都被他摔倒在地。赵简子很高兴，就让他专门在军中教士兵角力。自此，晋军的战斗力有很大的提高。

1955 年，在陕西长安县出土了一件战国时期的透雕角力铜牌，向我们形象地展示了当时角力的状况。画面为两马两人，中间的两人各自用手按着对方的腰，右边的人腿呈弓状，正准备发力摔倒对方。

秦统一天下后，禁止民间习武，把角力变为一种娱乐表演活动，从而有了角抵之名。据《古今图书集成·

…战国时期的铸有角抵图案的铜饰品

军礼部》称："秦并天下，罢讲武之礼，为角抵。"另据《汉书》记载："春秋之后，灭弱吞小，并为战国，稍增讲武之礼，以为戏乐，用相夸视，而秦更名角抵，先王之礼没于淫乐中矣。"秦时，已开始在宫廷中进行角抵表演，在《史记·李斯列传》中，就有"是时二世在甘泉，方作觳抵优俳之观"的记载。1975年，在湖北江陵凤凰山出土了一件秦代的木篦，篦的

…绘有角抵图案的秦代(前221—前206年)木篦

上端有彩色漆画，所绘的内容即为角抵之戏，画中参加角抵的人除了腰间围一块布，全身赤裸；右边的两人正在以手相搏，左边的一人正在摆手，似为角抵的裁判。

汉代角抵之戏盛行，尤其是在宫廷中，角抵更是一种经常性的表演活动。据《汉书·武帝纪》载，汉武帝爱好角抵之戏，他不但自己在宫廷中观看角抵戏，而且还邀请周围的民众一同观看："(元封)三年春，作角抵戏，三百里内皆来观。""(元封六年)夏，京师民观角抵于上林平乐馆。"另据《汉书·哀帝纪》，汉哀帝对声色游宴之事不感兴趣，却对角抵之戏情有独钟："孝哀……雅性不好声色，时览卞射武戏。"这里的"武戏"，就是指角抵之戏。不过，需要说明的是，汉代所谓的角抵之戏，其内容除了角抵，有时也包括弄丸、扛鼎、履索、缘竿等百戏项目，只是因为角抵在其中居有较突出的位置，故统称为角抵之戏。

东汉时期的百戏画像石

二、手搏

◎广义的手搏指不用器械而徒手相搏，从这个意义上说，手搏的起源是很早的，因为在远古人类的生活中，人与野兽或人与人之间徒手相搏，是经常发生的事情。狭义的手搏指运用一定的技巧和方法徒手相搏，从这个意义上说，手搏应是与武术中的拳术类似的活动。

早在《史记·律书》中，就有关于夏桀、殷纣“手搏豺狼”的说法：“夏桀、殷纣，手搏豺狼，足追四马，勇非微也。”说明夏桀和殷纣虽为暴君，但他们均有过人的勇力，能徒手搏杀豺狼。不过，这里的手搏，是从广义上说的。

到了春秋战国时期，手搏已开始成为一种专门的技能。据《穀梁传·僖公元年》载，公子友与莒国将军挐(nā)曾采用相互手搏的方法来解决彼此间的矛盾，但是，公子友却在手搏处于下风的时候，不守承诺，拔刀杀死了挐(nā)：“公子友谓莒挐曰：‘吾二人不相悦，士卒何罪。’屏左右而相搏。公子友处下，左右曰：‘孟劳。’孟劳者，鲁之宝刀也，公子友以杀之。”另在《公羊传·庄公十二年》中，也有关于宋闵公的臣子长万与宋闵公展开手搏，最后扭断了宋闵公的脖子的记载：“万怒，搏闵公，绝其脰(dōu)。”在《庄子·人间世》中，则似乎已开始对手搏的特色从理论上进行概括：

“且以巧斗力者，始乎阳，常卒乎阴，泰至则多奇巧。”这里的“以巧斗力”，有人认为就是指手搏。

手搏在汉代有了较大的发展，这主要表现在三个方面，一是发明了很多手搏的技巧和方法，出现了拘击、击背、旁击、疾击、相僻、卧轮、捽胡等手法和名称，在《汉书·金日（mì）磾（dī）传》中有这样的记载：莽何罗反叛，“日磾捽胡投何罗殿下，得禽缚之”。这里的“捽胡”，就是指手搏中的一种揪脖颈的动作。二是出现了“弁”、“抃”、“卞”等手搏的别名，并把它与角抵明确区分开来，如据《汉书·哀帝纪》记载：“孝哀……雅性不好声色，时览卞射武戏。”这里的“卞”，就指手搏，而“武戏”，则指角抵。三是军队中已把手搏作为考核军人的一种手段，如据《汉书·甘延寿传》，汉代的甘延寿就是通过手搏考试而入选期军门的：甘延寿“试弁，为期门，以材爱幸”。这里的“试弁”，即指手搏考试。

在以后的历史中，随着武术中的各种拳术套路的兴盛和发展，手搏之名遂渐渐不为人们所提及。

三、相扑

◎唐宋时期，角抵又称为相扑。至清代，角抵则被称为布库或摔跤。虽然名称有了改变，活动的具体内容和形式则并无实质性的变化。

相扑是唐宋时期对摔跤运动的一种叫法，它在秦汉时期称为角抵，正如宋人吴自牧在《梦粱录》中所说："角抵者，相扑之异名也，又谓之争交。"

相扑之名，最早见于晋代王隐的《西晋史》："襄城太守责功曹刘子笃曰：'卿郡人不如颍川人相扑。'笃

…山西省太原市崇善寺中的明代相扑壁画

…唐代敦煌壁画中的相扑图

曰：‘相扑下技，不足以别两国优劣。’”至唐宋时期，相扑一词的运用已极为广泛。如《吴兴杂录》中说：“唐七月中元节，俗好角力相扑。”另外，唐代宫廷中的专业摔跤表演队，也被称为“相扑朋”；宋代的民间摔跤组织，则被称为“相扑社”，等等。

唐代的相扑运动与秦汉时期混杂于百戏之中的角抵不同，它已成为一项独立的体育竞技活动。当时的相扑比赛，规定相扑手要袒露身体，比赛时还要擂鼓助兴，如《唐音癸签》中就有关于相扑比赛时“左右两军擂大鼓，引壮士裸袒相搏较力，以分胜负”的记载。唐代有不少皇帝爱看相扑表演。据史载，唐玄宗时，常常在宫中举行相扑比赛，甚至还专门为此组织了一个名为“相扑朋”的摔跤队。此外，唐懿宗、唐僖宗、唐昭宗也都爱看相扑表演，而且，唐僖宗还经常在内苑与太监进行摔跤比赛。

宋代的相扑运动开展得比唐代还要普及，这主要

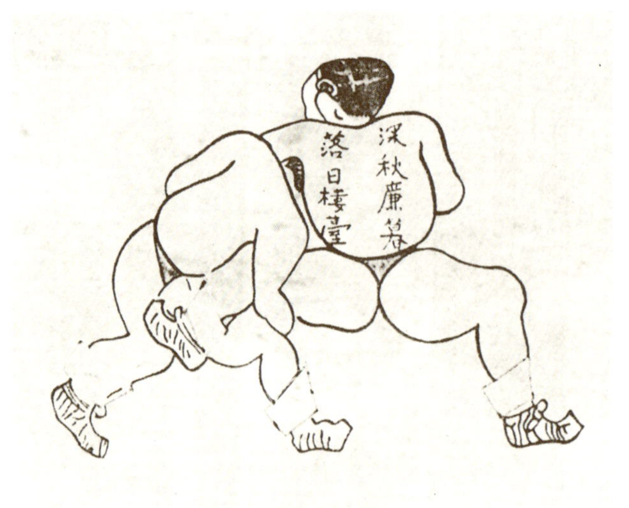

…宋代的相扑壁画

表现在三个方面。

一是宋代的宫廷相扑表演队伍更为规范化。宋朝的宫廷相扑队称为“内等子”，共有36名队员，分为上、中、下三等，上等10名，中等10名，下等16名。另外，还有70名预备队员。这些相扑队员除了专门在各种场合进行相扑表演，平时就担任皇帝的侍卫。而且，每隔三年，内等子就要举行一次大的考核，把不合格的队员淘汰，再从预备队中补充新队员。关于宋代内等子表演相扑的情形，著名诗人杨万里在一首诗中有这样的描绘：“广场妙戏斗程材，才得天颜一笑开。角抵罢时还宴罢，卷班出殿带花回。”

二是宋代的民间相扑运动极为普及。北宋时期，在都城汴梁出现了一种名为“相扑社”的民间组织。相扑社的成员大多以相扑表演为生，为此，他们还制定了相扑表演的一系列规则，名为“社条”。在相扑表演时，还有专门的裁判，称为“部署”。尤其值得一提的是，在宋代相扑社中，还出现了女子相扑队员，这在封建礼教

…宋代的相扑小儿俑

…绘有反映宋代相扑内容的瓷画

森严的古代，是十分引人注目的。

三是出现了相扑擂台赛。关于北宋时期举行相扑擂台赛的情形，《水浒传》第七十四回中的描绘可作为一种参考。当时，擂台赛在山东泰安城的岱庙中举行，比赛双方一为梁山好汉燕青，一为号称擎天柱的相扑高手任原。我们在此引述其中最为精彩的一段描述："这个相扑，一来一往，最要说得分明，说时迟，那时疾，正如空中星移电掣相似，些儿迟慢不得。当时，燕青做一块儿蹲在右边，任原先在左边立个门户……看看逼将入来，虚将左脚卖个破绽。燕青叫一声：'不要来！'任原却待奔他，被燕青去任原左胁下穿将过去。任原性起，急转身又来拿燕青，被燕青虚跃一跃，又在右胁下钻过去。大汉转身终是不便，三换换得脚步乱了。燕青却抢将入去，用右手扭住任原，探左手插入任原交

…明刊本《水浒传》中的燕青与任原相扑比赛图

裆，用肩胛顶住他胸脯，把任原直托将起来，头重脚轻，借力便旋四五旋，旋到献台边，叫一声：'下去！'把任原头在下，脚在上，直撺下献台来。这一扑，名唤做鹁（bō）鸽旋。数万的香官看了，齐声喝彩。”

到了南宋时期，则出现了全国性的相扑擂台赛——露台争交。据吴自牧的《梦粱录》记载，露台争交在杭州城护国寺南高峰露台举行，届时，全国的相扑高手云集露台。获胜的选手可得到丰厚的奖赏，不仅有彩缎、马匹等物质上的奖赏，而且还可封官。据史载，当时有个名叫韩福的温州人，就因在擂台赛上获胜而被授军佐之职。

唐宋时期，由于朝野对相扑运动的崇尚，涌现出了不少相扑高手。如据北宋调露子的《角力记》载，唐末有个名叫蒙万赢的人，于唐懿宗时入宫，专门陪唐僖宗（当时未继位）玩耍，至十四五岁时进相扑朋，由于技艺高超，相扑朋中无人是他对手，他因此获得了皇帝的不少奖赏，而且，他的“万赢”的名字也是这样得来的。唐朝灭亡后，蒙万赢辗转各地，传授相扑技艺，“五陵年少，幽燕任侠，相以诣教者数百”。后来他投奔了吴越王钱镠（liú），在当地传授相扑技艺，受到人们的推崇。另据《五代史》记载，后唐时期，后唐庄宗李存勖（xù）酷爱相扑，自觉无人能敌。当时有个名叫李存贤的上将军，也擅长相扑。李存勖认为李存贤不是他的对手，便向他发出挑战，并说，如果你能赢我，我赏给你一个郡。结果，李存勖惨败，只好把蔚州赏给李存贤，真可谓赔了夫人又折兵。此外，据《角力记》记载，唐代以擅长相扑闻名的人还有“浙中李青州，扬州王愚子，扬州谢健，江南姚结耳等”。宋代则有撞倒山、周急快、韩铁柱、黑八郎等。

到了元明时期，相扑运动的发展相对进入低潮。元代禁止民间相扑，故相扑多在军中举行，并且更多的是作为一种军事训练活动来进行的。至明朝，虽然朝廷不禁止民间相扑，但其普及程度仍无法与唐宋时期相比。到了清朝，由于清廷对摔跤运动的提倡，清代的摔跤运动比历史上的任何朝代都要兴盛。

需要特别指出的是，相扑运动在当今的日本被称为“国技”，开展得十分广泛。不过，日本的相扑运动与中国的相扑运动存在渊源关系，有不少学者认为，日本的相扑运动是隋唐时期的遣隋使和遣唐使从中国传播过去的，这一观点是较为符合历史事实的。

…宋代的少儿相扑陶俑

四、女子相扑

◎蹴鞠既有男子蹴鞠，又有女子蹴鞠，相扑也一样，除了男子相扑，也有女子相扑。

中国历史上关于女子相扑的最早记载见于晋朝人虞溥的《江表传》，其中说，三国时的吴主孙皓为了取乐，“使尚方以金作步摇假髻以千数，令宫人著以相扑，朝成夕败，辄命更作”。这说明至少在三国时期，宫中已有女子相扑的表演。而到了宋代，宫廷中不但有女子相扑表现，甚至出现了女子裸体相扑。据明代张萱的《疑耀》记载：“宋嘉祐间正月十八上元节，上御宣德门，召诸色艺人，各进技艺，赐予银、绢，内有妇人裸体相扑者，亦被赏赉。”

嘉祐是宋朝仁宗皇帝的年号。仁宗皇帝在宣德门观看女子裸体相扑表演，甚至给表演者以赏赐，可见他是一位很开放的皇帝。然而，这种行为在道学家眼中则不仅是大大的不雅，而且有违礼教。当时，司马光就给皇帝上了一道《请停裸体妇人相扑为戏》札子，内中说道：“今上有天子之尊，下有万民之众……而使妇人裸戏于前，殆非所以隆礼法示四方也。”司马光说得振振

…明人汪耕绘制的反映南朝宋文帝刘义隆(424—453年在位)观看女子裸体表演的绘画，此举与宋仁宗观看女子裸体相扑似无本质区别

有词，连皇上也不好说什么，只好停止女子裸体相扑的表演。

不过，停止女子裸体相扑并不等于停止女子相扑。随着相扑活动的商业化，相扑社为了吸引观众，便常常举行女子相扑表演。如宋人吴自牧在《梦粱录·角抵》中说："瓦市相扑者，乃路岐人聚集一等伴侣，以图摽(biāo) 手之资。先以女飐(zhǎn) 数对打套子，令人观睹，然后以膂力者争交。"这里所说的"女飐"，就是女子相扑手。因为流行女子相扑，所以当时也出现了不少女子相扑明星，《梦粱录》中记录有赛关索、嚣三娘、黑四娘等人，周密的《武林旧事》中则记录了韩春春、绣勒帛、赛貌多、侥六娘、后辈侥、女急快、锦勒帛 7人。当然，这些多为她们的艺名，而不是真名。

到了元代，则出现了一位女子相扑界的高手，她名叫艾吉阿姆，是元世祖忽必烈的侄儿海都王的女儿，长得貌美如花。据《马可·波罗游记》载，艾吉阿姆虽是一位美女，却酷爱相扑，因此，当海都王让她出嫁时，她向海都王提出了一个条件：只有在相扑上能胜过她的贵族青年，才有资格娶她，否则，被她摔倒的人就要赔给她100匹马。结果，艾吉阿姆赢到了10000匹马，仍然没有碰到对手。这时，有个帕马尔王子带着1000匹马来求婚，艾吉阿姆的家人都让她手下留情，否则，她就恐怕真的要嫁不出去了。但是，艾吉阿姆还是坚持原则，让这位帕马尔王子大败而归。真不知道是艾吉阿姆的相扑技艺确实太高超了，还是当时的那些贵族青年们实在是太窝囊了。

不过，女子相扑与男子相扑相比，还是有诸多的局限。首先是礼教的束缚，不可能让太多的女子来从事这项活动；其次是为了使相扑更具观赏性，男子可裸露上身，女子裸露上身则很容易招致攻击。因此，在元以后的中国古代历史上，几乎很少有关于女子相扑的记述。

五、摔跤

◎摔跤是一种徒手把对方摔倒的竞技运动。摔跤在先秦时称为角力、蚩尤戏，在秦汉时称为角抵，在唐宋时称为相扑，至清代又名布库。因此，摔跤作为一种体育竞技活动，在中国有十分悠久的历史。不过，正式把它命名为摔跤，还是在清代。

满人在入关前，便有摔跤赌羊的习俗。入主中原后，很自然地把他们的摔跤技艺带了进来。这样，满人的摔跤技艺与汉人传统的相扑技艺相融合，便造成了摔跤运动在清代的空前繁荣。

清代摔跤有官跤和私跤之分。官跤即与官方有关的摔跤活动，它主要包括三种形式。

一是军中摔跤。八旗军是清朝军队中的主力，长期

…清代《塞宴四时图》中描绘的摔跤比赛

有摔跤的传统。据史载，八旗军中常常把部队“分左右翼，令其角胜负，负者罚牛羊”。因此，军中的摔跤活动既是一种娱乐方式，又是军事训练的一种手段。

二是满族与蒙古族间的摔跤比赛。满族和蒙古族一直保持着良好的关系，早在皇太极进军中原前，为了取得蒙古贵族的支持，便经常与他们聚宴，而摔跤是聚宴中不可或缺的助兴活动。满人入主中原后，仍一直保持着与蒙古贵族的聚宴和摔跤活动，并规定每年举行一次，成为制度。据《清稗类钞》记载，顺治帝时，蒙古使臣喀尔喀来朝，在双方的宴会中，照例进行了满蒙摔跤手的摔跤比赛。结果，满族的摔跤手纷纷败在蒙古族摔跤手的手下。顺治帝很生气，可是也无可奈何。这时，陪宴的礼亲王代善的一个儿子打扮成摔跤手的样子与蒙古族摔跤手比赛，最后大获全胜。顺治帝高兴万分，厚赏了代善的儿子。

三是宫中的摔跤比赛。清代宫中规定，王公大臣和御前侍卫在上朝时都不准带兵器，若万一发生不测，就需要御前侍卫徒手解决问题，这就要求他们有很高的摔跤本领。据史载，清康熙帝年幼即位，朝中大权掌握

…反映清代善扑营摔跤活动的绘画

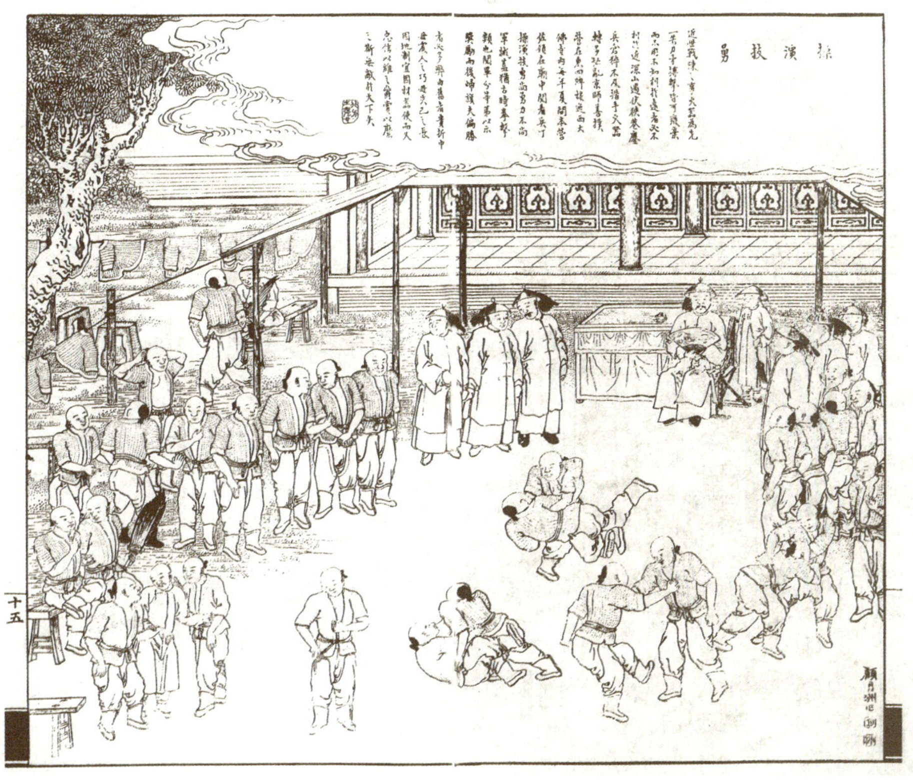

…清代吴友如等绘的《点石斋画报》中的操演技勇图，描绘了一群正在进行摔跤比赛的士兵

在权臣鳌拜手里。鳌拜力大无穷，擅长摔跤，加上功勋盖世，因此不把康熙放在眼里。康熙为了除掉鳌拜，就组织宫中太监练习摔跤，并趁一次鳌拜单独朝见时把他摔倒后杀死。之后，康熙帝便在宫中组织了专门的摔跤队伍——善扑营，人数达300人，并按他们的技艺高下分成三等，按等级领取饷银。这些善扑营的成员除了进行摔跤比赛和表演，平时整天在宫中切磋摔跤技艺，对摔跤运动的发展起到了重要作用。

私跤即民间摔跤。民间摔跤在清代主要以街头比武的形式出现，而且摔跤手大多借此谋生。据史载，清时北京的东四、西四、日坛、天桥等地，到处都是表演摔跤的艺人，而且常常能吸引众多游人驻足观看，看到精彩之处，则纷纷掏钱以示捧场。关于当时民间摔跤的状况，可以通过清人元璟(jǐng) 的《撩交》来作大致的了解："一夫意抖擞，一夫神毷(mào)氉(sào)，仇仇相对惊貔（pí）豹，桃花狼藉春风扫。全力在肘，藤纠棘拗，捷以取势虚而巧。一挑一钩时一蹈，浑脱乃悟张颠草。堵墙围，鸟雀噪。持之既久似欲平，砉然地裂高山倒。"

摔跤运动除了能使人强身健体，还能培养人反抗压迫的勇气。据清代的《临清寇略》记载，清乾隆年间，山东清水教在寿张县发动起义，并占领了临清城。起义队伍中有不少摔跤高手，其中有一位名叫乌三娘的女先锋，尤其擅长摔跤，书中称她"年二十许，娟媚多姿，而有膂力，工技击"。乌三娘在清军攻破临清城时，与清兵巷战，并用摔跤技艺摔倒多名清兵，使清兵不敢上前，后不幸中炮而亡。

中国的摔跤运动，除了传统的汉人摔跤、满人摔跤，还有朝鲜族、哈尼族、哈萨克族等民族的传统摔跤方式。1949 年以后，中国政府在对汉人和满人摔跤等方式进行整合的基础上，总结出了一种名为中国式摔跤的摔跤运动，并在 1956 年、1957 年先后颁布了《中国式摔跤运动员等级标准》和《摔跤比赛规则》。中国式摔跤与目前作为奥运会正式比赛项目的国际式摔跤在比赛规则方面有诸多不同，为了与国际接轨，目前，国际式摔跤成为国内许多摔跤队的主要训练项目。

…当代内蒙古那达慕大会上的摔跤手。那达慕大会是蒙古族的传统集会，通常一年举行一次，会上举行摔跤、射箭、骑马等比赛

…现代摔跤比赛

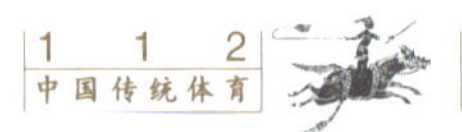

第七章 杂技

冲狭燕濯
履索
弄丸飞剑
缘竿
戏法
马戏
踢毽子
抖空竹
杠子

一、冲狭燕濯

◎冲狭燕濯（zhuó）是一种杂技表演，冲狭指身体从卷成筒状的、四周都插有锋利矛头的席子中穿过，燕濯是指像燕子一样从水上掠过。

关于冲狭燕濯的最早记载见于东汉张衡的《西京赋》，薛综在对该文中的“冲狭燕濯”作注说：“卷簟（diàn）席，以矛插其中，伎儿以身投，从中过。”唐代张铣（xiǎn）的注释则更为详细：“狭，以草为环，插刀四边，使人跃入其中，胸突刀上；如燕子之飞跃水也。”由此可见，冲狭是一项很有风险的杂技，因为稍有不慎，便会被矛或刀刺中。相比之下，燕濯则少风险，但需要的技巧较高，因为据唐代李善的解释，在燕濯时，要在身前置一大盘水，表演者取坐姿，从很宽阔的

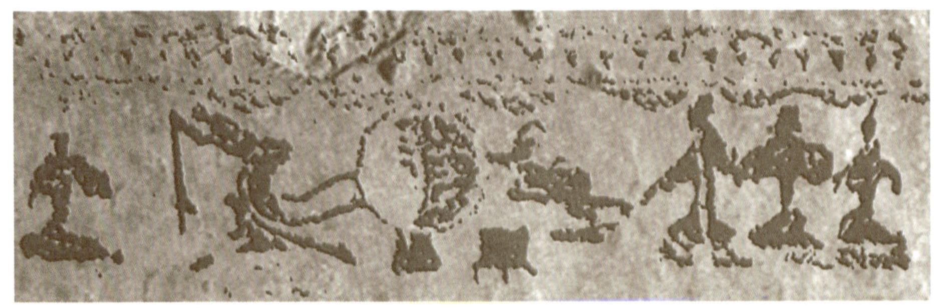

…汉代的冲狭画像石

…绘于明代的《宪宗元宵行乐图》，其中有钻圈表演的情景

水面上掠过后，仍要取坐姿。

冲狭表演因其独具的惊险性而受到观众的欢迎。在汉代的南阳画像石中为我们保留了当时进行冲狭表演的场景。画中有数位女子，一人已完成钻刀圈的表演，另几位则正在后面排队等候表演。人物姿态如行云流水，栩栩如生。

…清代《北京民间风俗百图》中的钻火圈图，描绘了清代杂技艺人表演钻火圈时的情形

冲狭表演发展到唐代，出现了一种名为“透剑门”的表演形式。据唐代赵璘(lín) 的《因话录》记载，进行透剑门表演时，先用刀和剑编成一条狭长的过道，然后由一个人骑一匹小马从过道中疾驰而过。这种表演形式，因为需要人与马的协调配合，所以比传统的冲狭表演更具惊险性。

明清时期的杂技中，有一种钻圈的表演项目，其形式与冲狭颇为相似，如在绘于明代的《宪宗元宵行乐图》中，即有表演钻圈的画面。现代杂技中亦有钻圈表演，但所钻之圈中既无刀剑，亦无火焰，而主要是展示表演者的腾空折身能力，其惊险程度似较冲狭要逊色。

二、履索

◎履索也叫走索，又叫踩绳，它是表演者在高悬的绳索上行走并表演技巧的一种杂技活动，是现代杂技走钢丝的前身。

…东汉石刻《百戏图》(局部)，右上角为履索表演

早在东汉时期，履索表演就在社会上广泛流行，如张衡在《西京赋》中就有“走索上而相逢”的说法。《晋书·乐志》中则记载了东汉时在皇宫中表演履索的场景：“后汉正旦，天子临德阳殿受朝贺……以两大丝绳系两柱头，相去数丈，两倡女对舞，行于绳上，相逢切肩而不倾。”在山东沂南出土的画像石《百戏图》，更是向我们形象地展示了东汉时举行履索表演的情景：在高悬的绳索上，有三人在表演履索，左右两端的两个人边走边舞，中间的人正在表演两手握绳倒立，而在他的身下则仰插着四把刀剑，意味着表演者一旦失手，就有可能死于刀剑之下。其惊险程度于此可见一斑。

唐代的履索活动也很盛行，据《封氏闻见记·绳妓》载，在唐玄宗开元年间，有人曾在御楼表演履索：“玄

…清代《清人风俗图》中的履索表演

…明代张宏绘制的《杂技游戏图》，反映了明人表演履索的情形

宗开元二十四年八月五日，御楼设绳妓。妓者先引长绳，两端属地，埋鹿卢以系之。鹿卢内数丈立柱以起绳，绳之直如弦。然后妓女自绳端蹑足而上，往来倏忽之间，望之如仙。”另在《原化记·嘉兴绳技》中载唐开元年间之事，亦有“众人绳技，各系两头，然后于其上行立周旋”之说。

在唐以后的各个朝代中，履索作为杂技表演的一个重要项目，一直盛行不衰。因此，每到传统佳节，或碰上特殊的庆祝活动，人们总能看到履索表演者的身影。

三、弄丸飞剑

◎弄丸飞剑，即把手中拿的众多球和剑一一抛向空中，边抛边接，使其递相接续，不落于地。因此，弄丸飞剑与现代杂技项目中的抛掷表演颇为类似。在具体表演时，弄丸与飞剑可分开表演，亦可合在一起表演。至于所用丸和剑的数量，则要看表演者的技术水平而定。从历史记述来看，丸剑分开表演时，技术高超者可单弄九丸，或单飞七剑；丸剑合一表演时，则有四剑五丸或三剑八丸之纪录。

弄丸飞剑虽然常常合在一起表演，但是，从其各自产生的历史来看，弄丸要早于飞剑。早在春秋时期，就已有人表演弄丸之技。如在《庄子·徐无鬼》中有“市南宜僚弄丸，而两家之难解”的记述。市南宜僚即勇士熊宜僚，他是春秋时人，能双手同时弄九个丸球。而且，有趣的是，据成书于元代的《丸经》记载，熊宜僚居然凭弄丸之技，帮助楚庄王打败了宋国的军队：“昔者楚庄王偃兵宋都，得市南勇士熊宜僚者，工于丸……揰九丸于手，一军停战观之，庄王免于战而霸。”

飞剑之技最早起于何时，已不可详考，但是，在出土的汉代画像石中，已有不少对飞剑之技的描绘。如在山东安邱韩家王村的石刻画像中，有一人同时弄四丸、飞三剑，而且，不光是双手，他的膝盖、脚尖、脚后跟

…西汉(前206–25年)舞乐百戏画像石（局部）中的弄丸表演者

都参与了抛接活动；在山东沂南出土的画像石中，有一人双手连抛四剑的形象。

相比而言，飞剑是比弄丸更具难度的一项技艺，因为剑有长度，且有剑刃，稍有闪失，便会伤及人体。但即使如此，仍不乏飞剑表演的高人。据唐代段成式的《酉阳杂俎》记载，有一个名叫黎干的人，他在任京兆尹时，曾遇到一位兰陵老人，并亲眼看到了他同时飞七剑的绝技："(兰陵老人）紫衣朱鬟，拥剑长短七口，舞于庭中。迭跃挥霍，攄(lū）光电激，或横或裂，盘旋若规尺。有二短剑二尺余，时时及黎之衽。黎叩头股栗。

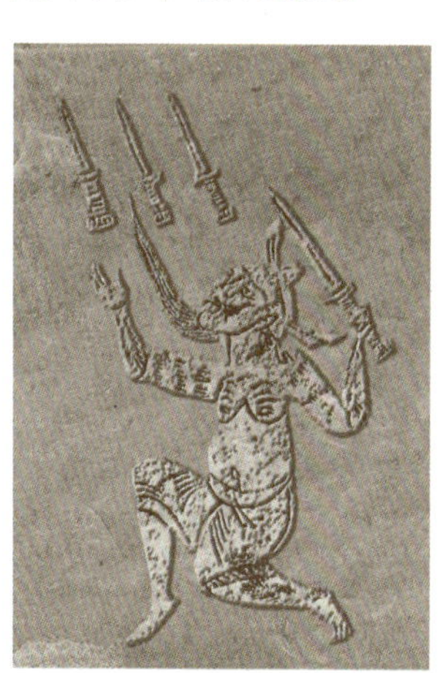

…山东沂南出土的东汉石刻《百戏图》中的飞剑表演

…清刊本《剑侠传》中的兰陵老人飞剑图

食顷，掷剑植地，如北斗状。”

弄丸飞剑发展到后来，便演变成了一种抛掷游戏，抛掷对象也不再限于丸和剑，如我们现在所见的杂技表演中的抛草帽、抛棍之戏，多是承接弄丸飞剑而来的。

…反映弄丸表演场景的东汉画像砖

……弄丸飞剑

四、缘竿

◎缘竿是沿着一根竖立的竿向上爬并在竿上做各种技巧表演的一种运动，又叫都卢、寻橦、缘橦或爬竿。把缘竿称为都卢的说法起于汉代，《汉书·地理志下》的注中说："都卢国人劲捷善缘高。"因为都卢国的人擅长爬高，所以又把缘竿称为都卢。在《文献通考》中，也有类似的说法："缘橦之技众矣，汉武帝时谓之都卢。都卢，国名，其人体轻而善缘也。"

…山东沂南汉墓石刻中的缘竿表演

…反映缘竿表演的东汉画像砖，其中左侧的一位表演者正蹲在竿顶，右侧的一位则正在表演倒挂

缘竿活动在汉代就已经盛行，据《汉书·西域传》，早在汉武帝时，在宫中表演的百戏项目中，就已包括缘竿："设酒池肉林，以飨四夷之客，作巴俞都卢、海中砀（dàng）极、漫衍鱼龙、角抵之戏以观示之。"另在张衡的《西京赋》中，亦有"都卢寻橦"的说法。不过，根据有关资料，汉代的缘竿并不是简单地爬到竿顶就了事，而是还要在竿顶做各种惊险的表演。而且，当时人所缘之竿也不是立在地上，而是立在一个人的肩上或头上。这一点，在山东沂南出土的汉墓石刻中有形象的反映：一个健壮的男子，头上顶一根长竿，长竿的上部为一根横竿。在竿的顶端，一个小孩腹部着竿，两手张开，正在表演旋转；横竿的一端，一个小孩一手抓竿，一手张开，两足向上，正在表演弯身上竿；横竿的另一端也有一个小孩，双足钩住横竿，身子倒垂，两手张开。整个画面造型十分优美。

在汉以后的各个朝代中，缘竿活动一直传承不绝，而且创意迭出，并不断向高难度发展。晋代傅玄的《正都赋》向我们生动地描绘了晋时缘竿表演的情景："乃有材童妙妓，都卢迅足，缘修竿而上下，形既变而景属，忽跟挂而倒绝，若将坠而复续，虬萦龙蜿，委随纡曲，杪竿首而腹旋，承严节之繁促。"其中的跟挂倒绝、竿

首腹旋、将坠而复续，都是缘竿表演中的惊险动作。另在《太平御览》中，亦描绘了魏晋南北朝时期缘竿活动的情况："有额上缘橦，至上鸟飞，左回右转。又以橦着口，上亦如之。"把竿顶在口齿之上，再在上面表演节目，其难度无疑又超过了把竿放在头上。

隋唐时期的缘竿表演，较前代又有很大的发展。

…绘于唐代的《舞乐游戏图》，左上角即为三人同时表演缘竿的情形

…唐代的缘竿陶俑

《隋书·音乐志》中为我们描绘了一种用双竿一起表演的节目："并二人戴竿，其上有舞，忽然腾透而换易之。"表演者在表演时要从一根竿跳跃到另一根竿上，其惊险程度无疑要远远超过单竿表演。

唐代常在皇宫中举行缘竿表演。据《明皇杂录》，唐玄宗酷爱看缘竿表演，当时有一个叫王大娘的人，尤擅缘竿之戏，唐玄宗便经常命她进宫表演："玄宗御勤政楼，大张乐，罗列百伎。时教坊有王大娘者，善戴百尺竿。竿上施木山，状瀛洲、方丈，令小儿出入其间，歌舞不辍。"在竿顶搭建起小山，并让小儿在小山中出入，这种创意确实匪夷所思，故当时的神童刘晏曾写诗歌咏此事："楼前百戏竞争新，唯有长竿妙入神。谁得绮罗翻有力，犹自嫌轻更著人。"而且，有趣的是，唐玄宗不但爱观赏缘竿表演，还亲自设计表演的节目。据称唐玄宗曾教一个教坊小儿表演竿上翻跟头的绝技，最后，这个小孩能从百尺高的竿顶一路跟头翻至着地，让观者惊愕不已。除了唐玄宗，唐敬宗也爱看缘竿表演。当时有个名叫石火胡的女艺人，养了5个养女，她们能同时在竿上表演各种惊险绝伦的动作，履百尺竿头如平地，在宫中演出后，受到唐敬宗的厚赏。

至清代，仍有缘竿表演，这一点，从清代《松风阁诗抄》"姹女弄竿竿百尺，惊鸿宛转凌凤翼"的诗句中可以得到证明。

不过，值得注意的是，缘竿表演虽然极具观赏性，但它同时也是一项极具风险的活动，因为用于缘竿表演的竿的长度通常在3丈以上，因此，一旦表演者从竿上掉落，几乎是必死无疑，正如柳曾在《险竿行》诗中所说："百尺高竿百度缘，一足参差一家哭。"据史载，宋仁宗在宫中观看缘竿表演时，就曾有一位表演者不慎坠地，脑裂而死。因此，不断有人提出制止或改变缘竿中过于惊险的表演。如唐文宗就认为缘竿之技"险而伤神"，禁止在宫中表演。宋仁宗在看到艺人惨死的场面后，也诏令把竿长从3丈改为不超过2丈，以增加安全系数。

…明代《三才图会》中的缘竿图

缘竿活动在当今仍十分盛行，不过，现今的缘竿活动已没有了往日的惊险刺激，它通常是把竿立在地上，缘竿者或四肢并用，或只用双手向上攀爬，因此，它更多地成了一种锻炼身体的活动。

…绘于明代的《宪宗元宵行乐图》(局部)，处于中心位置的即为缘竿表演

五、戏法

◎戏法是一种传统的杂技项目，它是表演者通过灵巧、快捷的手法，造成观众听觉、视觉上的错觉，从而使各种物体或人物、动物隐显莫测，即“无中生有”或“神奇消失”。

戏法在汉代就已经产生，当时称之为幻术，表演项目有吞刀、吐火、画地成川等。据《艺文类聚》卷第四十一载，汉武帝时，未央宫中曾表演戏法：“其云雨雷电，无异于真。画地为川，聚石成山，倏忽变化，无所不为。”在北齐颜之推的《颜氏家训·归心》中，也有对当时的戏法表演项目的记述：“世有祝师及诸幻术，犹能履火蹈刃，种瓜移井，倏忽之间，十变五化。”另据《搜神记·卷二》载，在晋代，曾有人表演断舌复续之技：“晋永嘉中，有天竺胡人来渡江南。其人有数术，能断舌复续、吐火，所在人士聚观。将断时，先以舌吐示宾客，然后刀截，血流覆地。乃取置器中，传以示人。视之，舌头半舌犹在。既而还取含续之。坐有顷，坐人见舌则如故，不知其实断否。”

戏法表演因真假难辨、创意迭出，极易引起人们的

…元代任仁发所绘的《张果见唐明皇图》。据传，张果是一位仙人，他向唐明皇展示了不少仙家妙术，不过，这些仙家妙术似乎与戏法很难区别

兴趣，因此，在中国历史上，戏法表演一直十分盛行。发展到现代，戏法又被称为魔术。现代魔术因为采用了许多高科技手段，在表演的手段与技巧上与过去相比有了很大的提高。虽然如此，一些传统戏法如赴汤蹈火、天女散花、座中钓鱼等仍然深受观众的欢迎。

…清代《北京民间风俗百图》中描绘的杂技艺人吞刀图

…清代吴友如等绘的《点石斋画报》中的马皮神术图，描绘了几位正在火上行走的奇人

六、马戏

◎马戏是徒手或持械在马上表演各种技巧动作的一种运动。马戏之名，最早见于西汉时期桓宽的《盐铁论·散不足》："戏弄蒲人杂妇，百兽马戏斗虎。"

…山西省太原市崇善寺中绘于明代的太子走象奔马壁画（摹本）

在中国历史上，汉代是马戏较为盛行的时期。在一个西汉时期的漆奁上，绘制有早期马戏表演的精彩场面：在两匹奔驰的马上，一人正在表演单腿平衡；另一人则双手持棍，在马背上做悬空表演。而在山东沂南出土的东汉画像石《百戏图》中，更是为我们形象地描绘了当时马戏表演的情景：一个人左手持戟，右手持流星锤（一说为幢翳），稳稳地站在疾驰的马上；另一人手中持戟，双手执缰，正在奔驰的马上做腾空动作。整个画面线条流畅，造型优美，充满了动感。

…山东沂南的东汉画像石《百戏图》中的马戏表演

唐代的马戏表演仍很盛行。在辽代陈及之的《便桥会盟图》中，为我们描绘了唐代马戏表演的盛大场面。此画长达3丈多，反映的是唐太宗与突厥的额利可汗在长安西门外渭水上的便桥订盟的情景。画中人物众多，有的在打马球；有的在马上表演倒立；有的身体直立于马背上，或舞旗，或敲锣，或弄棍……再现了当时的马戏表演者高超的技艺。

至宋代，马戏表演技术进一步发展，一个突出的特点，是马戏表演的项目更加丰富起来。对此，宋代孟元老在《东京梦华录·驾登宝津楼诸军呈百戏》中有这样的介绍："先一人空手出马，谓之引马。次一人磨旗出马，谓之开道旗。……又有执旗挺立鞍上，谓之立马。或以身下马，以手攀鞍而复上，谓之骗马。或用手握定

…辽代陈及之的《便桥会盟图》中的马戏表演（局部）

镫袴，以身从后鞦来往，谓之跳马。忽以身离鞍，屈右脚挂马鬃，左脚在镫，左手把鬃，谓之献鞍，又曰弃鬃背坐。或以两手握镫袴，以肩着鞍桥，双脚直上，谓之倒立。忽掷脚着地，倒拖顺马而走，复跳上马，谓之拖马。或留左脚著镫，右脚出镫离鞍，横身在鞍一边，右手捉鞍，左手把鬃存身，直一脚顺马而走，谓之飞仙膊马。又存身拳曲在鞍一边，谓之镫里藏身。或右臂挟鞍，足著地顺马而走，谓之赶马。或出一镫，坠身著鞦，以手向下绰地，谓之绰尘。或放令马先走，一身追及，握马尾而上，谓之豹子马。"文中的"引马"、"立马"、"跳马"、"飞仙膊马"、"豹子马"等等，都是宋代马戏的各种名目。

…北宋时期绘有马戏表演的瓷枕

明清时期仍有马戏表演。在明代的壁画中，不时地可以见到一些与马戏表演有关的内容。如在山西太原的崇善寺中，有一幅"走象奔马"图，图中有一人站在奔马上，神态十分闲适。该图描绘的虽然是佛经中的故事，但也可从一个侧面反映明代的马戏表演。另在西藏

…宋代敦煌壁画《马术图》

的古格都城寺院中，也有与马戏表演有关的绘画。清代马戏表演的内容也很丰富，在宫廷画家郎世宁绘制的一幅《马术图》中，描绘了乾隆帝正在承德避暑山庄观看马戏表演的情景：马戏表演者或在马上表演倒立，或在马上表演托举，或表演射术……整个场面的气氛十分热烈。

需要说明的是，马戏一词包含的内容较为宽泛，而且，在不同的时期，所指内容也不尽相同。如在唐宋时期，较多地用来指驯马和马术表演，到后来，则把驯兽表演甚至一些杂技项目也归入到马戏的范畴。

…西藏古格都城寺院中的壁画《马戏图》

…清代郎世宁等绘制的《马术图》

七、踢毽子

◎毽子又称毽球、蹀(diē)镝，它由毽砣(tuō)和毽羽两部分组成，毽砣通常用一个铜钱或圆形的金属片外裹布或皮而成，毽羽则多用翎毛。人们用脚的内外侧、膝盖或脚尖磕击毽子，使它不断地上扬，就称为踢毽子。

史料中关于踢毽子的最早记载见于唐代道宣所撰的《续高僧传》，书中说："沙门慧光年方十二，在天街井栏上反踢蹀镝，一连五百， 众人喧竞，异而观之。佛陀因见怪曰：此小儿世戏有工，道业亦应无昧。"慧光在12岁时，就能接连反踢毽子500多下，无疑是训练有素了。

宋代的踢毽子活动已很盛行，并且发明了各种毽子的新奇踢法，对此，宋人高承的《事物纪原》中有这样的记述："今时小儿以铅锡为钱，装以鸡羽，呼为毽子，三五成群走踢，有里外廉、拖枪、耸膝、突肚、佛顶珠、剪刀、拐子各色，亦蹴鞠之遗事也。"高承认为毽子的许多踢法都承自蹴鞠，这是一个颇有启发性的观点。但有人据此认为踢毽子源于蹴鞠，则缺乏可靠的证据，因为毽子与鞠毕竟是两种不同的东西，只不过它们都是用脚踢的，所以在脚法上可以相互借鉴罢了。

另据宋人周密的《武林旧事》称，在宋代的临安城，还有专门制作毽子的作坊和出售毽子的商店，这也从一个侧面反映宋代踢毽子活动之盛。

中国历史上踢毽子最盛的时期是在清代。当时，不仅踢毽子的人很多，而且踢毽子的技艺也更为精湛，甚至出现了专门以踢毽子表演为生的人。如清人潘荣陛在《帝京岁时纪胜》中说："都门有专艺踢毽子者，手舞足蹈，不少停息，若首若面，若背若胸，团转相击，随其高下，动合机宜，不致坠落。"另据史料记载，清末有个名叫谭俊川的人，自小就酷爱踢毽子，几十年练习不辍，以至一口气能踢毽子6000多下，中间还要变换20多套花样。1902年，谭俊川写了一本名为《翔翎指南》的书，专门介绍踢毽子的各种技艺。

清代踢毽子的盛况，也引起了不少文人的关注，一些有关踢毽子的诗文也就应运而生。如陈维崧有《沁园春》一词，对闺中女子从制作毽子到踢毽子的动作和心态描绘得十分逼真："娇困腾腾，深院清清，百无一为。向花冠尾畔，剪他翠羽；养娘箧底，检出朱提。裹用绡轻，制同球转，簸尽墙阴一线儿，盈盈态，讶妙逾蹴鞠，巧甚弹棋。鞋帮只一些些，况滑腻纤松不自持。为频夸狷捷，立依金井，惯矜波俏，碍怕花枝。忽忆春郊，回头昨日，扶上栏杆剔鬓丝。垂杨外，有儿郎此伎，真惹

…清代《北京民间风俗百图》中的踢毽子图

…少儿踢毽子年画

…绘于清代的踢毽子图

人思。”另在《北京竹枝词》中，也有关于妙龄女子踢毽子的描写：“青泉万迭雉朝飞，闲蹴鸾靴趁短衣。忘却玉弓相笑倦，攒花日夕未曾归。”

时至今日，踢毽子仍是一项开展得十分广泛的运动。尤其是在一些中小学中，常常会举行踢毽子的比赛。比赛的项目很多，形式上有单人表演、双人对踢、集体转踢，比赛内容则有比踢的次数、比踢的花样和难度、比毽子不落地的时间等等。踢毽子极有利于身体柔顺性和灵活性的训练，而且运动量可大可小，因此，是一项男女老少皆宜的活动。

…当代城市公园中踢毽子的情景

八、抖空竹

◎抖空竹是一种民间杂技活动。空竹又称空钟、空筝、地龙、地牛黄、闷葫芦等。

…民间剪纸《抖空竹》

空竹有双轮和单轮之分，双轮的空竹形如腰鼓，以竹或木制成，两头为两只扁平状的圆轮，轮内空心，轮上挖有四五个小孔，孔内放置竹笛，两轮间有轴相连。抖空竹时，用两根短棍，在棍端系线，再用此线绕住空竹的轴，来回扯动，空竹便会旋转起来。随着空竹旋转速度的加快，装在轮内的笛子便会发出嗡嗡的声音。此时，抖空竹者便可做出各种动作，或把空竹抛向空中，再以短棍上的绳子接住；或把空竹放到地上，任其自由转动，待它快要停下来时，再把它救起来重抖；或可几个人同时把空竹抛给对方，接住后再边抖边抛……动作繁多，不胜枚举。

历史上关于抖空竹的最早记载见于

明代，明人刘侗在《帝京景物略·卷之二》中记述明代有“杨柳儿青，放空钟”的童谣，并对空竹的形制和抖法有详细的说明：“空钟者，刳木中空，旁口，荡以沥青，卓地如仰钟，而柄其上之平。别一绳绕其柄，别一竹尺有孔，度其绳而抵格空钟，绳勒右却，竹勒左却。一勒，空钟轰而疾转……制径寸至八九寸。”文中的“制径寸至八九寸”，是指空竹的大小，小的直径1寸，大的直径可达8寸或9寸。

清代亦有抖空竹的表演。清人李虹若在《朝市丛载》中说：“抖空竹，每逢庙集，以绳抖响，抛起数丈之高，仍以绳承接，演习各样身段。”到今天，在一些公园或庙会上，人们仍能看到抖空竹者矫健的身影。抖空竹不仅需要一定的技巧，还需要抖空竹者有敏捷的反应能力和较好的身体耐力，因此，抖空竹不失为一项很好的强身健体活动。

…抖空竹图

九、杠子

◎杠子运动是源于清代京城一带的一种集健身、娱乐、表演于一身的活动，与现代的单杠运动颇为类似。但杠子比单杠要粗，直径在六七厘米，且以木头制成。在杠子的两端，通常雕有龙头，故杠子又被称为“盘龙之木”。当时在京城一带有专门从事杠子运动的会社组织，被称为“盘龙会”或“杠子会”。

…因陋就简的杠子架

每到农闲时节或喜庆节日，“杠子会”便会组织表演活动。他们在大车上立两根木柱，再在木柱上架上杠子，一副杠子架就搭成了。杠子表演者表演的动作通常有三类，一类是“上把”，即在杠子上做各种单手或双手倒立的动作；一类是“中把”，用单手或双手握杠做各种环回动作；一类是“下把”，包括单手或双手引体向上等动作。杠子高手在表演时，能上下翻飞，左旋右转，令人眼花缭乱。据传在清代有一位姓田的从事杠子表演的艺人，他是一位瘸子，但他的杠子表演却极为出色，清人李静山的《增补都门纪略》中有一首诗，专门描写田瘸子的杠子技艺：“瘸脚何曾是废人，练成杠子更通神。寒鸦浮水头朝下，遍体功夫在上身。”

特别有意思的是，正当中国人在玩杠子游戏时，欧洲人也开始了他们的杠子游戏。19世纪初，一位德国人发明了欧洲历史上第一副单杠，而且与中国的杠子一样，它也是用木制作的，直径也很粗，达到8厘米。后来，这位德国人把木杠改为铁杠，并把杠子变细，从而促进了单杠技术的发展。1896年，单杠成为奥运会的正式比赛项目。

一直到20世纪中期，中国的杠子运动仍在北方流行。50年代后，杠子运动作为一种民俗活动，曾多次在一些国际性的联欢活动上表演，颇受人们的欢迎。

…清代的杠子运动（根据有关资料制作）

…现代单杠运动

第八章 棋艺

围棋
象棋
六博
双陆

一、围棋

◎在中国古代的棋类运动中，围棋的影响是最大的。这不光是因为围棋棋局纷繁复杂，棋势变化无穷，能引起人们浓厚的兴趣，还在于它所蕴含的深刻的哲理。正如东汉史学家班固在《弈旨》中所说："局必方正，象地则也；道必正直，神明德也；棋有白黑，阴阳分也；骈罗列布，效天文也；四象既陈，行之在人，盖王政也。"小小的棋盘之中，既包含阴阳之理，又蕴有王道政治，可见围棋的发明者必具超人之智慧。

…东汉时期的围棋棋盘

…新疆吐鲁番出土的唐代绢画《弈棋仕女图》

1. 围棋的诞生

围棋是什么时候产生的？通常的说法是在距今4000多年前的尧舜禹时代。据晋朝张华的《博物志》称："尧造围棋，而丹朱善围棋。"《大英百科全书》和《美国百科全书》也采用这种说法。不过，关于尧或舜发明围棋的说法毕竟属于远古时期的传说，其可靠性还有待考古发掘工作的进一步确证。

春秋时期，已有了对围棋活动的确切记载。如在《论语·阳货》中，孔子对他的弟子说："饱食终日，无所用心，难矣哉！不有博弈者乎，为之，犹贤乎已。"意即与其整天游手好闲，还不如去玩玩博戏，下下围棋。在《左传·襄公二十五年》中，也记载太叔文子说："今宁子视君不如弈棋，其何以免乎？弈者举棋不定，不胜其耦（ǒu）。"可见，在春秋时期，围棋应该已是一项较为普及的活动。

战国时期，出现了中国历史上有文字记载的第一位围棋高手，名叫弈秋。《孟子·告子上》说："弈秋，通国之善弈者也。使弈秋诲二人弈，其一人专心致志，唯弈秋之为听；一人虽听之，一心以为有鸿鹄将至，思援弓缴而射之，虽与之俱学，弗若之矣。"虽然孟子在此是借用弈秋教徒之事来说明专心致志对于学习的重要性，但他用"通国之善弈者"来评价弈秋，证明战国时期的围棋活动应该已经相当普及了。

2. 魏晋时期深受魏晋玄风影响的围棋活动

秦汉时期，由于受秦始皇焚书坑儒的影响，围棋活动曾一度沉寂。这种情况，汉代的班固在《原弈》中有这样的记述："或进而问曰：孔子称博弈，今博行于世，而弈独绝，博弈既宏，弈艺不述。问之论家，师不能说。"其中的"弈独绝"、"弈艺不述"，反映了围棋在汉代不受人们重视的事实。但是，到了汉末魏晋时期，中国的围棋活动则迎来了它发展历史上的第一个高峰。

汉末魏晋时期围棋活动发展的一个突出表现是众多名人的参与。据史载，曹操、孙策、陆逊、诸葛瑾等人均酷爱围棋。而著名的关云长一边与手下大将马良

…反映汉代宫中女子生活的清代宫廷画《汉宫春晓图》（局部），亭子中的几位女子正在下围棋

…华佗为关羽刮骨疗毒图，选自《中华古文明大图集》。图中的关羽一边让华佗为其治疗，一边正在与马良下围棋

下棋，一边让神医华佗为其刮骨疗毒的故事，也发生在三国时期。而且，受魏晋时期提倡超越尘世生活的玄学的影响，一些文人还把沉溺于围棋看作是一种行为放达的表现。据《魏书·甄琛传》记载，甄琛因酷爱围棋，便通宵达旦以下围棋为乐："入都积岁，颇以弈棋弃日，乃至通夜不止。"另据《晋书·祖纳传》，祖纳把下围棋作为一种忘忧的手段："纳好弈棋，王隐谓之曰：'禹惜寸阴，不闻数棋。'对曰：'我亦忘忧耳。'"而竹林七贤之一的阮籍因为爱好围棋，甚至连母亲的死讯都不能让他放下手中的棋子，据《晋书·阮籍传》载："母终，（籍）正与人围棋，对者求止，籍留与决赌。"

在中国围棋史上久负盛名的"烂柯"的故事，也产生在魏晋时期。据南朝梁时任昉(fǎng)的《述异记》载，晋朝时，信安郡有个名叫王质的打柴人，有一天，他提着斧子进深山打柴，看到有两个童子在山中下棋，他便站在一旁观看。其中的一个童子递给王质一枚枣，王质吃了后便不觉得饥渴。一局棋还未下完，一位童子对王质说，你来了这么久，连斧子柄都烂了，为什么还不回家。王质回头一看，斧子柄果然烂了，便急忙下山往家赶。但等他回到居住的村庄一看，除了村头的小石桥，面貌全变了，连自己的家都不知道在哪里，而王质自己也已从一个年轻人变成了百岁老人。真可谓天上一日，人间千年。这便是"烂柯"的故事，它反映的是王质对围棋的贪恋，以致光阴日月在不知不觉中度过

…反映魏晋名士生活的民间绘画《竹林七贤图》，其中正在下围棋者为刘伶和阮咸

…明代《三才图会》中描绘的王质观棋图

了。关于烂柯的故事，明代的张以宁在《烂柯山图》一诗中说："人说仙家日月迟，仙家日月转堪悲。谁将百岁人间事，只换山中一局棋。"写得极为深刻。

不过，关于烂柯的故事，还有另外一种说法，称王质在山中所见并非两位童子，而是数位老人。而且，当王质回家时见到物是人非后，他就不再留恋尘世生活，而是入山修道，并最终成了仙人。

在魏晋时期，还有一则与围棋有关的佳话，它发生在历史上著名的淝水战争期间。公元383年，前秦王苻坚率数十万大军攻打东晋，东晋宰相谢安命谢玄、谢石领兵8万迎击。结果，在淝水一带，东晋军大破前秦大军，创造了军事史上以少胜多的奇迹。消息传来时，谢安正在与客人下围棋，这出人意料的巨大喜讯让谢安兴奋不已。但是，谢安为了显示自己的定力超乎常人，故意把报捷书随意一扔，继续与客人下围棋。直到围棋

…清代苏六朋绘制的《东山报捷图》，描绘了谢安正在与客人下围棋，静候淝水之战消息的情形

…清代陈字的《仕女屏》之一，描绘了几位正在下围棋的古代仕女

结束，他才轻描淡写地对客人说："小儿辈遂已破贼矣。"但是，巨大的喜悦还是让谢安无法真正控制住自己，当他起身出门时，不慎把脚上所穿木屐的齿在门槛上给碰折了。

3．南北朝时期的围棋大赛

到了南北朝时期，开始出现了全国性的围棋大赛，并且开始对棋手的水平确定等级标准。南朝时，梁武帝对围棋十分喜爱，他曾命人品定棋谱，选拔国中围棋高手278人，评为9个等级，一品最高，九品最低。现代围棋采用的段位制，即源于南北朝时。当时的棋手对自己的品级均极为看重，连死后的墓志铭中都要写明自己属于几品。南北朝时有不少皇帝都酷好围棋，除了梁武帝，还有宋文帝刘义隆、宋明帝刘彧(yù)、齐高帝萧道成等。其中萧道成的围棋水平颇高，据《南史·高帝纪》称："(高帝）博学，善属文，工草隶书，弈棋第二品。"

南北朝时，还出现了一位围棋界的奇女子，该女子名叫娄逞，是东阳人。据《南史·崔慧景传》载，娄逞酷爱下围棋，而且水平很高，她为了与更多的高手比赛，便女扮男装，到各地游历，结交了许多围棋高手和达官贵人，甚至还被封了官。后来因为女子身份败露，才被遣送回家。

…唐代的围棋子

…唐代的围棋棋盘

…唐代的银镀金盒子上雕刻的下围棋图

4. 围棋活动在唐宋时期的兴盛

到唐代，围棋活动获得了更大的发展。唐朝的不少皇帝如唐高祖李渊、唐玄宗李隆基、唐宣宗李忱等都爱好围棋，其中以唐玄宗为尤甚。在唐代，专门在翰林院设置了一种名为棋待诏的官职，担任棋待诏的人，其任务就是陪皇帝下围棋。据史载，唐玄宗经常让棋待诏与自己下棋，甚至在因安史之乱跑到四川时，也带着棋待诏。唐玄宗除了与棋待诏下棋，也经常与皇室成员和大臣们下棋。据《酉阳杂俎》载，唐玄宗有一次与一位亲王下棋，因水平不及对方，眼看就要输棋，争强好胜的唐玄宗为此急得抓耳搔腮。正在一旁观棋的杨贵妃看到这种情形，便故意让抱在手里的一只小狗跳到棋盘上，搅乱了棋局，替唐玄宗解了围。

在唐代，还出现了两位著名的围棋高手，一位名叫王积薪，一位名叫顾师言。王积薪是唐玄宗时的棋待诏，因围棋水平高超，很受唐玄宗的赏识。王积薪在其围棋生涯中，曾经碰到过一件奇事，正是这件奇事，使他成了围棋史上的名人。据唐代薛用弱的《集异记》载，安史之乱时，王积薪随唐玄宗逃到四川，一天晚上，在一户农家的屋檐下歇宿。这家农户只有婆媳两人，王积薪“夜阑不寝，忽闻堂内姑谓妇曰：‘良宵无以适兴，与

…《重屏围棋图》，五代时期(907—960年)周文矩绘

子围棋一赌可乎？’妇曰：‘诺。’积薪私心奇之。堂内素无灯烛，又妇姑各在东西室，积薪乃附耳门扉。俄闻妇曰：‘起东五南九置子矣。’姑应曰：‘东五南十二置子矣。’妇又曰：‘起西八南十置子矣。’姑又应曰：‘西九南十置子矣。’每置一子，皆良久思唯。夜将近四更，积薪一一密记。其下子三十六，忽闻姑曰：‘子已败矣，吾只胜九枰耳。’妇亦甘焉。”后来，王积薪把此36手围棋凭记忆摆了出来，从中学到了不少技巧，使自己的棋艺大进。但是，王积薪发现，这36手围棋实在大违寻常下棋之道，其势简直可以与三国时魏国的邓艾出奇兵袭蜀国相比，所以王积薪名之为“邓艾开蜀势”。

顾师言是唐宣宗时人，他是凭借与有日本国围棋第一高手之称的一位日本王子对局而一举成名的。据史载，早在南北朝或隋朝时，中国的围棋之艺已传到了日本，并深受日本人的喜爱，以至高手辈出。据《酉阳杂俎》载，唐宣宗大中年间（847－859年），日本的文德天王派王子来华，唐宣宗热情地接待了他。因得知这

…绘于宋代的《会昌九老图》(局部)，该图描绘的是唐代白居易等九位老人聚会的情景，图为其中的两位老人正在行驶的船上下棋

位王子围棋水平高超，唐宣宗便让当时国中围棋水平最高的棋待诏顾师言与他对局。这位日本王子的棋艺确实不凡，下到第32手时，顾师言已是满头大汗。后来顾师言运用绝招赢得了这局棋。当时，日本王子问在旁边的一位中国官员：顾师言的棋艺在中国属于第几国手？这位官员为了挣面子，便说是第三国手。日本王子便提出要见第一国手。这位官员说，你只有连赢了第三、第二两位国手，才能见第一国手。日本王子只好无奈地说："小国之一，不及大国之三，信矣。"

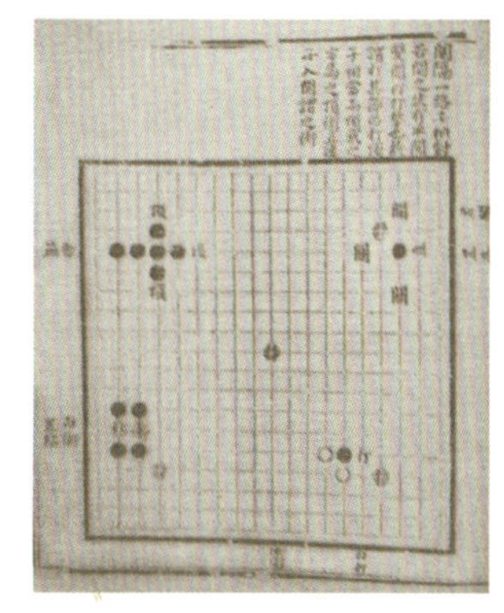

…北宋张拟所著的《棋经》中的围棋谱

宋代的围棋活动也很兴盛。宋朝的开国皇帝宋太祖赵匡胤就是一位围棋爱好者，在他还是后周皇帝柴荣手下的军校时，他就曾在华山与一位老道士下棋，甚至还输掉了随身携带的宝剑，一时传为美谈。而且，后人还据此演绎出了一则有趣的故事。据传，赵匡胤与之对局的这位道士名叫陈抟，是中国历史上赫赫有名的一位仙人。陈抟预知赵匡胤将来必做皇帝，便在与赵匡胤下棋时，与他打赌：若赵匡胤输了，便把华山赠给自

…杨柳青年画《赵匡胤华山围棋》

己。赵匡胤心里想：华山又不是我的，若我输了棋，赠给你又有何妨。便答应了陈抟的要求。后来，赵匡胤输了棋，便践诺写了一份把华山赠给陈抟的字据。不久，赵匡胤果真做了皇帝，这才发现自己中了陈抟的计，但是君无戏言，只好承认陈抟拥有对华山的支配权。

宋太宗赵光义也爱好围棋，在他与一位名叫贾玄的棋待诏之间，也发生了一件有趣的事情。宋代翰林院仿照唐制，也设有棋待诏。棋待诏这一职务，看起来很风光，其实还是颇有风险的，因为伴君如伴虎，如果你常常把皇帝杀得丢盔卸甲，万一哪天雷霆震怒，你的小命就会丢了；可是如果你常常故意输给皇帝，皇帝就会给你定个欺君之罪，性命照样不保。所以，做棋待诏的人，必须学会察言观色，什么时候输，什么时候赢，怎么输，怎么赢，都是颇有讲究的。这位名叫贾玄的棋待诏，就是因为在这些分寸上拿捏得当，才让自己逢凶化吉的。据《荆公诗注》载，一次，宋太宗与贾玄下棋，太宗让他三个子，贾玄每次都输给太宗。太宗知道这是贾玄故意让他的，便对他说：再下一局，如果这一局你输了，就将对你施以杖刑。结果，两人下了个和局。太宗说：你还是在耍手腕，再来一局，如果你赢了，就赐给你绯衣，否则，就将把你投到烂泥坑中去。结果仍是和局。太宗说：我让你子，现在成了和局，说明你输了。便命令左右把他投到烂泥坑中。贾玄赶紧喊道：我手中还有一子。太宗听后大笑，并赐给贾玄绯衣。

宋朝时，不仅皇帝喜欢下围棋，许多著名的大臣如王安石、苏东坡、文天祥等都是个中好手。另外，在普通百姓中，围棋活动也很盛行，当时在社会上出现了一种名为“棋园”的业余围棋组织，定期组织围棋比赛。围棋活动的兴盛，也促进了围棋理论的发展，在中国围棋史上具有重要地位的围棋专著《棋经》，就是由宋代的张拟写成的。

明清时期，围棋活动进一步发展。明朝皇帝如明成祖朱棣、明孝宗朱祐樘（chēng）都爱好围棋。当时有一位名叫　楼得达的棋手，因为在与明成祖朱棣对局时获胜而被封了官。明孝宗时的国手赵九成也因棋艺超群而获鸿胪之职。明朝时，民间围棋活动也很兴盛，并因地域和棋风的不同而形成了不同的流派，分别有京师派、永嘉派、新安派等等。

…明代陈洪绶所绘的下围棋图

清代的前、中期，由于国势兴旺，围棋活动仍很活跃，出现了黄龙士、周东侯、徐星友等一大批围棋高手。但是，到了晚清时期，随着清政府的日益腐败，围棋活动开始衰落。相反，在东邻日本，围棋活动却开展得如火如荼，因此，当时的中国棋手在与日本棋手的对局中，常常是输多赢少。直到20世纪80年代开始，这种局面才有了改观。

…明代的围棋子

···绘于清代的慈禧太后下围棋图

二、象棋

◎象棋与围棋一样，也属一种智力游戏。不过，象棋与围棋相比，因为下法相对简单，故在变化和趣味性方面均要逊色一些。但是，象棋因为规则简单，每局棋所用时间较少，而且象棋的棋盘、棋子与围棋相比要直观、形象得多，故在民间的普及程度要远远超过围棋。

关于象棋的起源及象棋名称的来历，一直有种种说法。有人认为，象棋源于舜时，因为舜的弟弟象为人桀骜不驯，舜就把他拘禁起来，但又怕他寂寞，所以发明了一种棋，让象去玩，这种棋就叫象棋。也有人认为象棋源于周武王时，如《幼学故事琼林》中称，周武王为了讨伐商纣王，故“作象棋以象战斗”；另在明代谢

…山西洪洞广胜寺水神庙中的元代壁画《下象棋图》

…描绘观象棋情景的《中兴瑞应图》(局部)，南宋萧照绘

肇淛的《五杂俎》中，也有“象戏相传为武王伐纣时作”的说法。还有人认为象棋源于先秦时期，当时共有黑白12枚棋子，因棋子以象牙制成，故名象棋。虽然对象棋的起源有种种不同的说法，但认为我国最晚在汉代已有象棋，则是人们的一种共识。只是汉代象棋与现代象棋相比，无论在规则、棋子名称和数量等方面均有较大的不同。

据考古发掘资料证实，到北宋末年，象棋的规制与现代象棋就几乎一致了。如1974年，在福建泉州湾发掘出了一艘宋代的海船，在船舱中发现了20枚象棋棋子，名称与现代象棋完全相同。另外，在四川省江油县也出土了两副宋代的铜制象棋，棋子中车、马、炮、将、士、象、卒俱全，与现代象棋几乎一样。

在中国历史上，象棋活动自宋代起开始盛行，这与当时象棋规则趋于成熟与定型有十分密切的关系。尤其是在南宋时期，上自皇帝，下至普通百姓，几乎人人都爱好下象棋。因此，宋人洪遵在《谱双叙》中有“象

…宋代的象棋子

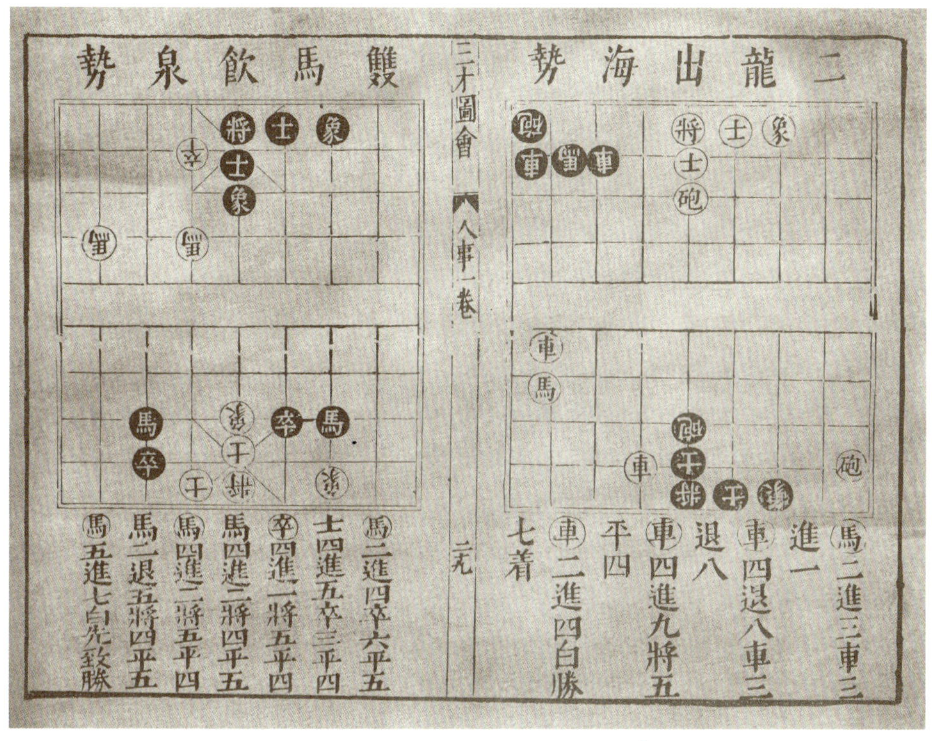

三才圖會 人事一卷

二龍出海勢

馬二進三車三進一
車四退八車三退八
車四進九將五平四
車二進四白勝七着

雙馬飲泉勢

馬二進四卒六平五
士四進五卒三平四
卒四進一將五平四
馬四進二將四平五
馬四進二將五平四
馬二退五將四平五
馬五進七白先致勝

…明代《三才图会》中的象棋棋谱

戏家喻户晓”之说。而且，在南宋宫廷中，不仅围棋有棋待诏，象棋也有棋待诏，当时的王安哥、林茂、沈姑姑等人，都是有名的象棋棋待诏。

另外，在宋朝的大臣和文人中间，也流行下象棋。如文天祥，他不仅爱好围棋，对象棋更是情有独钟。据史载，他曾与一位朋友一边游泳，一边口下象棋，留下了象棋史上的一段佳话。而且，即使被元兵关在监狱中时，文天祥也仍精心研究象棋，留下了40个象棋棋局。在宋朝爱好下象棋的文人中，著名的还有李清照、刘克庄等。

明清时期的象棋活动也很盛行。明朝的仁宗皇帝不但爱好下象棋，而且还写诗歌咏象棋活动：“两国争强各用兵，摆成队伍定输赢。马行曲路当先道，将守深宫

…清代王翚(huī)等绘《康熙南巡图》(局部)中的下象棋场景

戒远征。乘险出车收败卒，隔河重炮下重城。等闲识得军情事，一着成功见太平。”既反映了象棋的行棋规则，又把下象棋与军事活动巧妙地联系了起来。在清代，随着象棋活动的普及，还出现了各种象棋流派，并有王再越、张元叔、刘上林等一大批象棋国手，对象棋活动的发展作出了贡献。

明清时期，还出现了不少研究和指导象棋比赛的专门著述，如《梦入神机》、《橘中秘》、《梅花谱》等，至今仍有重要的参考价值。

1949年以后，象棋活动开始朝规范化发展。1956年，第1届全国象棋比赛在北京举行。1996年，在新加坡举行了第1届世界象棋锦标赛。目前，世界上已有数十个国家和地区成立了中国象棋组织。象棋这门古老的游艺活动，正在新的历史时期，继续发挥它开发智力、陶冶情操、丰富生活的重要作用。

三、六博

◎六博本作六簙(bō)，又称博或陆博，是隋唐以前广泛流行于社会上的一种棋戏。

六博由棋盘、棋子和骰子3个部分组成。棋盘通常是木制的，上面有纵横交错的格子；棋子共12枚，分黑白两色，六博由2人对局，1人掌握6枚棋子，其中有1枚大子，称为“枭”，5枚小子，称为“散”；骰子又称箸，共6枚，分正反面，行棋时，把6枚骰子一齐扔下去，称为博采，然后根据其排列特点决定行棋方式。因为六博之戏的对局双方各用6枚棋子、6枚骰子，故有六博之名。

…制作于汉代的六博图

六博在中国有十分悠久的历史，据传是夏桀时的大臣乌曹创

…汉代画像石《仙人六博》

…汉代的六博盘

制的。在司马迁的《史记》中，就已经有关于商代君主帝乙与人博戏的记载。到了春秋战国时期，六博更是成了家喻户晓的一种游戏。当时的王公大臣、普通百姓，都把六博作为一种业余的游戏活动，甚至连以持身谨严著称的孔子，也劝他的弟子不妨在闲暇时玩玩六博之类的游戏，在《论语·阳货》篇中，孔子说："饱食终日，无所用心，难矣哉！不有博弈者乎？为之，犹贤于已。"这里的"博"，就是指六博。

到了秦汉时期，六博仍十分盛行，据史籍记载，汉景帝、汉宣帝及汉桓帝都对六博十分热衷。上有好者，下必甚焉。因此，汉代的大臣如窦婴、梁冀等都酷好六博。窦婴的一位好友名叫许博昌，擅长六博，他作有一篇《六博经》，在社会上广泛流传。

遗憾的是，隋唐以后，已很少有人玩六博这种游戏，关于六博的玩法也渐渐失传。不过，我们可以从大量的汉代画像石中看到当时的人们在玩六博时的情形。

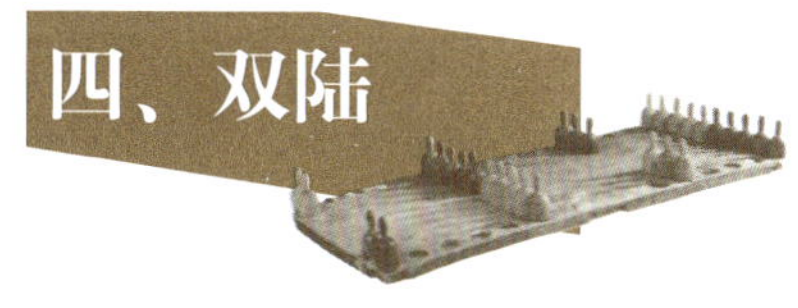

四、双陆

◎双陆是中国古代博戏的一种，又称握槊（shuò）、长行。关于双陆的起源，有不同的说法，一说源于印度；一说源于西域，但西域人是根据六博的行棋方式加以改造而成的；一说为三国时的文学家、曹操之子曹植所创。对双陆起源的说法虽各不相同，但认为双陆在三国魏晋时期已开始在社会上流行，则是较为一致的观点。

…唐代张萱《捣练图》中的仕女双陆图

…绘于宋代的《谱双·大食双陆毯》，描绘了大食人下双陆的情景

双陆与六博有相似之处，也是由棋盘、棋子、骰子三部分组成，但在具体的形制和玩法上则各有不同。双陆的棋盘呈长方形，共有左右2门、24路；有30枚棋子，分黑白二色，两人对局，每人有棋子15枚，棋子呈塔状；有骰子2枚，根据骰子掷出的点数行棋。因为双陆的棋盘共有24路，每边12路，12路又分为左右6路，故称为双陆，即两个6路之意。

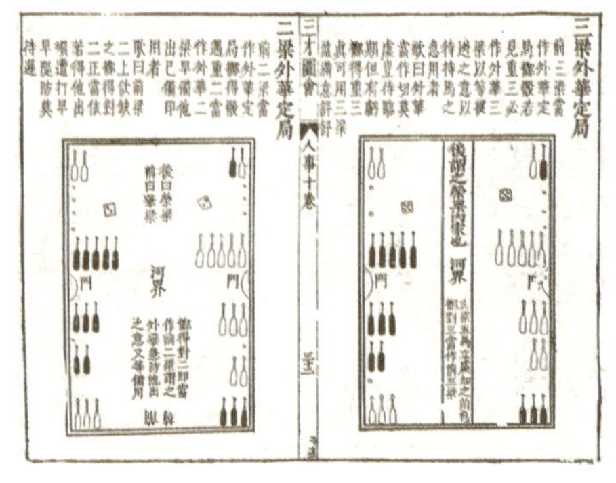

…明代《三才图会》中的双陆棋谱

作为一种游戏活动，双陆在中国古代社会生活中有极为广泛的影响。自唐至明，无论是在宫廷，还是在民间，一直有不少人耽于双陆游戏中。对此，李肇在《国史补》中说：“王公大人颇或耽玩，至有废庆吊、忘寝休、辍饮食者。及博徒用之……有过宵而战者，有破产而

…辽代的双陆棋盘和棋子

输者。”而在众多的史籍、笔记、小说中，也随处可见对人们玩双陆的记载。如据《新唐书·狄仁杰传》，唐代的武则天酷爱双陆，以致做梦时都常常梦到自己在与别人下双陆。又据野史记载，唐玄宗擅长双陆，经常与杨贵妃对局，一次，杨贵妃眼看自己要输了，便唤来一只鹦鹉，把棋局给搅了。小说《金瓶梅》中也描写了不少人们下双陆的场面，并称西门庆“双陆、象棋、抹牌、道字，无所不通”。另在《红楼梦》及一些杂剧中，也有关于人们玩双陆的描写。

到了清代，由于麻将的盛行，双陆不再受到人们的青睐，会玩双陆的人越来越少，双陆之技也渐渐失传。中国历史上专门讲述双陆的形制及玩法的专著有南宋时洪遵所著的《谱双》，但今天已无人能对之彻底破解。

…清代任熊所绘的《双陆图》，描绘了一群正在下双陆的仕女

第九章 武术和导引

武术
拳术
棍术
刀术
枪术
剑术
导引
五禽戏
八段锦

一、武术

◎武术是徒手或手持器械按照一定套路进行训练或表演的一种活动。中国武术的内容极为丰富，概括地讲，可以分为拳术、刀术、棍术、剑术、枪术等大类。而在每一大类中，又可分为具体的小类或派别。如拳术中有少林拳、武当拳、形意拳、太极拳、鹰爪拳等，刀术中有梅花刀、万胜刀、追风刀、六合刀、太极刀等，棍术中有俞公棍、少林棍、巴子棍等，剑术中有武当剑、太极剑、八卦剑、达摩剑、青萍剑等，枪术中杨家枪、梨花枪、六合枪、五虎断门枪等，真可谓璨若繁星，异彩纷呈。

…描绘古代武术演练场景的武学图，选自《中华古文明大图集》

武术是怎样产生的？对此，一直存在种种不同的说法。概括地说，武术的产生当与以下因素存在密切的关系。一是远古人类的狩猎活动。在农业产生以前，兽肉是人类最主要的食物之一，在猎取野兽的活动中，人类依靠棍棒、拳头与野兽搏斗，从中便会总结出踢、打、击等搏击技巧。二是随着私有财产的丰富和争夺战争的产生，人与人之间经常徒手或持棍棒等以性命相搏，尤其是随着刀、剑、枪等兵器在战争中的运用，人们更是进一步总结出了刀法、剑法、枪法等有利于在格斗中取胜的方法。三是中国传统的天人合一、阴阳五行思想和独特的养生学说，使人们常常根据自己对天地万物的运行规律及某些动物的动作特点的理解，来设计各种锻炼身体的方法和进行搏击的动作。四是中国丰富的宫廷舞蹈

……《刑天图》，选自《中华古文明大图集》。刑天是神话传说中的人物，他在与天帝争斗时被砍头，但仍以两乳为目，肚脐为嘴，挥舞斧子，继续战斗，体现了一种尚武精神

……云南省沧源县的远古人类操练岩画

和民间舞蹈方面的资源，能使肢体动作的设计更加舒展和具有连贯性。正是上述种种因素及与之相关的其他因素的综合影响，导致了中国武术的产生、丰富和发展。

据史料记载，早在春秋战国时期，就已经有人专门研究武术，既把它作为一种养生之道，在必要时又把它运用于军事。如据《吴越春秋》记载，春秋时期，吴越争战，越王勾践兵败会稽，为了复仇，他四处招揽人才。当时，有人向他推荐一位越女，称她剑法精妙，无人能敌。越王便派人向她学习剑法，并在军队中推广，为日后越国打败吴国创造了重要的条件。在《庄子·说剑》中，则有专门关于击剑之道的论述："示之以虚，开之以利，后之以发，先之以至。""后发先至"，即使在今天看来，也是剑术的精要所在。

秦汉时期，中国武术有了长足的发展，除了剑术，刀术、手搏等技也进一步规范化、系统化。如秦时盛行角抵之戏，角抵与今天的摔跤类似，当时在进行角抵比赛时，有专门的比赛场地，有输赢的标准，甚至还设有裁判。汉代百戏盛行，在百戏的诸多项目中，有不少项目如角力、较武、弄丸飞剑等就是与武术相关的。在《汉书·艺文志》中设有"兵技类"，收录了13类兵技，共计199篇，其内容主要论述"习手足，便器械，积机关，

…西汉时期的比武画像石拓本

以立攻守之胜"，其中有不少就是专门讲武术的。

唐宋两朝是中国历史上武术发展的繁荣时期。唐代武则天时，由于武举制的确立，使武术习练成为一种时尚。武举即通过武艺考试的办法给武艺出众者以相应的称号和职位，当时的称号有"猛殷之士"、"技术之士"、"矫捷之士"等，其考试内容多与力量、技巧及刀剑之术等有关。至宋代，则出现了类似民间武术协会之类的组织。据《宋史》载，当时民间有"英略社"、"角抵社"等，"自置裹头无刃枪、竹标排、木弓刀、嚆(hāo)矢等习武技"。在宋代孟元老的《东京梦华录》中，有对当时举行的武术表演的详细描述："两人出阵对舞，如击刺之状……出场凡五七对，或以枪对牌、剑对牌之类。"

…明刊本《水浒传》中的林冲棒打洪教头图

唐宋时期武术发展的状况，在不少笔记、小说中都有形象的反映。如唐代传奇《虬髯客传》、《红线传》中的主人公虬髯客和红线女，都是武功出众之人。至于小说《水浒传》中反映的宋代武术的状况，诸如林冲的棍

…绘于清代的《风尘三侠图》，右坐者即虬髯客

法、九纹龙史进的鞭法、鲁智深的杖法、李逵的斧法、浪子燕青的角技等等，人们更是耳熟能详。

明清两代，中国武术的发展进入了一个特殊的历史时期。明代武术发展的一个重要特点，就是武术专著大量涌现，对于人们了解武术的源流、现状和原理有较高的参考价值。其中代表性的著作有《武篇》、《耕余剩技》、《纪效新书》等。而在明清之际，则出现了不少新的武术项目和门派，如在现代社会仍有很大影响的太极拳、八卦掌、形意拳等，就是在那个时期创立的。在清代，由于统治者禁止民间练武，因此，一些武术组织常常以秘密会社的形式出现，当时的许多会社如天地会、哥老会等，大多在会员中传授武艺。

大量的事实证明，武术对于强身健体、开发人体潜能、锻炼人们的意志，甚至对于某些疑难杂症的治疗，都有积极的作用。因此，自19世纪末20世纪初，中国武术走出国门，便渐渐在世界上掀起了一股中国武术热。有不少外国人对中国武术情有独钟，他们不远万里到中国来学习武术，学成之后回国设武馆传授武术，这

…清代《北京民间风俗百图》中的耍叉表演

…现代少林寺僧的武术演练

对于传播中国武术文化、促进中外文化交流，起到了重要的作用。

正是认识到中国武术对于强健体魄、振奋民族精神所具有的重要价值，中国政府对武术极为重视，1956年，成立了中国武术协会，并相继制定了不少武术竞赛的规则。1990年，武术被列为第11届亚运会正式比赛项目。1991年，又在北京举办了首届世界武术邀请赛。目前，武术界人士正在为让武术成为奥运会的正式参赛项目而进行不懈的努力。

二、拳术

◎拳术是对武术中徒手技法的一种称呼，它包括腿法、手法、跳跃、滚翻等动作。把上述动作按一定的顺序贯串起来，便形成了拳术套路。中国武术中的拳术套路极为丰富，就地域来说，有南拳和北拳之分。南拳即在长江以南地区流行的拳术，北拳即在长江以北、黄河流域一带流行的拳术。就特点来说，则有内家拳和外家拳之分，内家拳注重内功修炼，讲究防御；外家拳则重技击和进攻。具体说来，则有少林拳、武当拳、太极拳、形意拳、八卦掌、南拳、通背拳等等，不胜枚举。为了论述的方便，此处择取在拳术中较具代表性的少林拳、太极拳、形意拳和八卦掌，进行概括的介绍。

…描绘练拳场景的少林寺清代壁画（局部）

…描绘比武场景的少林寺清代壁画

1. 少林拳

少林拳即由河南嵩山少林寺创制的拳术。不过，严格说来，少林拳不是一种单一的拳术，而是诸多拳术的一个总称，具体包括小洪拳、大洪拳、老洪拳、罗汉拳、梅花桩、炮拳等数十种拳术套路。

曾经有不少人认为，少林拳源于少林寺的禅宗初祖菩提达摩。北魏时期，菩提达摩从印度来到中国，在少林寺面壁静坐9年。因静坐时间太久，容易引起身体疲劳，为了使身心得以放松，菩提达摩便创制了一套拳术。由于这套拳术是在少林寺创制的，便被称为少林拳。但是，这种说法传说的成分较多，缺乏有力的证据。根据较为可信的史料，少林拳应当是少林武术高僧们在汇集天下拳术精华的基础上创制而成的。少林寺创立于北魏时期，在少林寺创立之初，寺中的僧人们即重视身体锻炼，并总结出了不少健身习武之道。在隋末农民战争中，一些少林寺僧人如志操、昙宗等曾协助秦王

…清代《鸿雪姻缘图记》中的少林校拳图

李世民攻打洛阳，立下了汗马功劳。因此，李世民称帝后，曾厚赐少林寺，并允许少林寺拥有僧兵，这成为少林拳得以迅速发展的一个重要契机。因为在一个大一统的封建帝国中，能有一块属于自己的独立的习武练兵之地，这是极为不易的，因此，它很快便使少林寺成为当时习武之人心目中的一块乐土。而少林寺为了集天下武术之精粹，也大开山门，热诚欢迎各地武林高手，从而使少林寺成为当时的天下武术精华荟萃之地。这种局面，使少林寺的高僧们有机会了解各家武术的优点和缺点，从而取长补短，发展出新的武术套路。少林拳术正是在这样的背景下，得以创立并迅速丰富发展起来的。

少林拳术虽是集天下拳术之精华而成，但它并非一个毫无自身特色的大杂烩。与其他拳种相比，少林拳讲究刚劲、迅捷、实用，不讲花架子，因此，有人以"拳打卧牛之地"、"拳打一条线"来形容少林拳的特点。另

|…少林童子功

外，少林拳在练功方法和练功境界上也有自己的特点，著名的“少林七十二艺”，其中包括童子功、一指禅、金钟罩、铁布衫等等，都是人们耳熟能详的功夫，这些功夫若练到一定的境界，均能产生超乎常人想象的特殊功能。

2. 太极拳

太极拳原名长拳、绵拳、八门五步等，至清朝乾嘉年间王宗岳著写《太极拳论》后，世人才统一以太极拳名之。

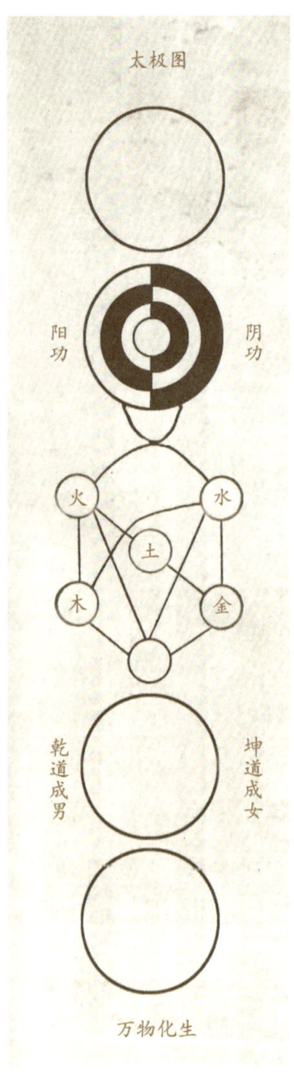

…依据宋人周敦颐的《太极图说》绘制的太极图

“太极”本是中国传统哲学中的一个术语，源自《周易》。在宋朝时，理学家周敦颐著写《太极图说》，并在其所绘的“太极图”中把“太极”画成一个圆圈状。受此启发，太极拳的发明者们，以双手画圆为太极拳贯穿始终的动作，同时吸取传统气功、导引术中以意引气、以静制动的功法，再结合其他拳术的击打套路，创制出了太极拳这一中华武林中的奇葩。

太极拳与其他拳术相比的一个最大的特点，就是以柔克刚。太极拳在演练时，动作舒展、柔缓，似乎不具丝毫攻击力，但是，当太极拳手进入实战状态时，便会以柔缓的动作巧妙地化解对方的攻击力，然后借力打力，以突然爆发的刚劲，将对手击倒或击退。

关于太极拳的起源，一直有种种不同的说法，其中影响较大的说法有两种，一种认为是宋元时期的著名道士张三丰创立的，一种认为是明末的陈王廷创立的。但是，由于张三丰的身世存在种种谜团，而陈王廷的身世则有较多可信的史料，所以现在有不少人倾向于认为太极拳是陈王廷创立的。

陈王廷本是明朝军队中的一位将领，明朝灭亡后，他回到河南老家陈家沟隐居。在农耕之余，他下工夫钻研各种拳术，并结合自己原来在军中掌握的技击之术，创立了太极拳。在陈王廷自述身世的一首诗中，有“闷来时造拳，忙来时耕田”之句，可知即使太极拳不是陈王廷首创，其中也必然包含有他的不少创造。陈王廷创立的太极拳被命名为陈式太极拳。

陈王廷创立太极拳后，在自己的子孙中传习，因其显著的强身健体效果和极强的实战性，在社会上产生了很大的影响。当时有个名叫杨露禅的河北人，慕名前往陈家沟学习太极拳。经过10多年的刻苦习练，杨露禅尽得陈式太极拳精髓。之后，他来到北京，在一个王府中担任拳师。由于杨露禅武艺出众，无人能敌，故前来向他学习太极拳的人络绎不绝。杨露禅为了让太极拳能使更多的人掌握，便对陈式太极拳作了改造，去掉了其中难度较大的动作，增加了一些舒缓柔和的套路。经杨露禅改造而成的太极拳，史称杨式太极拳。

…杨露禅像

…现代的太极拳表演

后人在习练杨式太极拳的过程中，又对其中的套路进行了不同程度的损益，从而产生了吴式太极拳、武式太极拳等不同名目的太极拳。现代医学证实，长期习练太极拳，对于改善人们的心肺功能，增强抵抗力，甚至延年益寿都有显著的功效。目前，太极拳早已跨出国门，成为深受世界各地人们喜爱的一项运动。

3．形意拳

形意拳是一种模仿动物的动作而发明的拳术，因为它讲究拳术演练时既要模仿动物的外形动作，又要模仿动物的心意，故有形意拳之名。

形意拳是在明末清初时由一个名叫姬龙峰的山西人发明的。据传，姬龙峰在一次采药时，因为目睹了一场鹰与熊之间的搏斗，从而产生灵感，发明了形意拳。

形意拳最基本的拳法是劈、崩、钻、炮、横五个动作，其繁复的套路都是在此五种拳法的基础上演化出

|···形意拳中的劈拳动作

|···韩慕侠像

来的，因此，它们又被称为“形意母拳”。形意拳习练时特别注重桩功的训练，故习练形意拳有成者多以下盘沉稳著称。

在形意拳发展的历史上，曾产生过不少名震武林的高手。其中有一位名叫戴文雄，曾被一些商号重金聘请为镖师，击败过众多绿林好汉。当时，有一个名叫李飞羽的河北人，因仰慕戴文雄的威名，便千方百计投到戴文雄的门下，成为他的一位弟子。李飞羽经过刻苦学习，尽得形意拳的精髓。之后，他对形意拳套路多有损益，为形意拳的发展作出了贡献。李飞羽有一位弟子，名叫郭云深，他对形意拳有很深的造诣。一次，他去北京拜会八卦掌创始人董海川，两人切磋比武历时三天，不分胜负。后来，两人英雄相惜，结为兄弟，并使形意拳和八卦掌得以取长补短。1918 年，俄国大力士康奈尔在北京中山公园向中国武术界发出挑战，但当他听说同时精通形意拳和八卦掌的韩慕侠将应约前往比武时，便吓得再也不敢露面。

与太极拳相比，形意拳更多地侧重技击方面的训练，这就需要习练者有较好的身体素质，因此，在目前全国各地习练形意拳的人中，以年轻人居多。

4. 八卦掌

八卦掌是武术中的一个拳种，又称游身八卦掌、八卦连环掌，它以手掌变换和步行走转为主，因走转的路线与八卦方位相合，故有八卦掌之称。

八卦掌产生于清代，通常认为由河北文安县人董海川（1812 – 1882 年）所传创。据传董海川在一次访友的过程中，因迷路，遇一道者，传授他各种神奇的功夫，其中就有八卦掌。清光绪三十年(1904年)春上浣的碑文中有这样的记述：“师董公……访友于江皖，迷失道，入乱山中……一道者装，童颜鹤发，遥谓之曰：‘汝来何迟乎？’遂授以击刺进退之法，炼神导气之功。凡其所传，皆平日未闻未睹者。”据此，孙禄堂在《八卦拳学》中说：“闻有董海川者……涉迹江皖，遇异人传以此技。”

…董海川像

八卦掌可分为掌法和走法两个部分，掌法主要有单换掌、双换掌、顺势掌、背身掌、翻身掌、磨身掌、三穿掌、回身掌，掌型有龙爪掌、牛舌掌，要求以掌代拳，实施打击；走法要求起落平稳，行走如蹚泥，出脚须磨脚胫，行走的路线分走阴阳鱼、走八卦图、走九宫等。具体运用时，则是掌法与走法相结合，快捷轻灵，虚实互变，以达到保存自己、击败对手的目的。

八卦掌在训练时又分定架子、活架子、变架子三步功夫。定架子是基础功夫，要求姿势正确，步法合式，求慢不求快；活架子是在定架子的基础上，把各个动作互相贯通，协调配合；变架子则要求在熟练掌握八卦掌套路的基础上，不受套路限制，以意领掌法和步法，达到出神入化的境界。由于八卦掌注重腿功的修炼，注意上下肢的协调配合，尤其是强调形与意的和谐，不仅有利于强身健体，还能收延年益寿之效，因此，极受国内外武术爱好者的欢迎。现在，八卦掌是全国武术比赛的正式项目。

…现代八卦掌表演

三、棍术

◎棍术是以棍棒为器械进行训练和表演的一种武术项目。棍术源于远古人类的狩猎活动。在刀、枪等器械发明以前，人类主要依靠棍棒和石头与野兽搏斗，并获取食物。在长期的狩猎活动中，人类总结出了一些用棍的基本方法，它们成为后代棍术的雏形。

在先秦时期，出现了一种名为殳（shū）的兵器，它以竹或木削成，一端有尖有棱，但无刃，因此，殳实质上就是一种特殊形状的棍。殳在先秦时期与戈、戟、酋矛、夷矛一起，被合称为“五兵”即五种兵器。

随着金属冶炼技术的发明，也出现了用金属制作的棍，如《北堂书钞·兵势篇》中说：“方首铁棒重二十斤。”作为一种兵器，棍主要靠重击杀伤对方，既费体力，又很难一棍致命，其作用似乎不及刀、剑等利器。因此，秦汉以后，正规军队中很少以棍为武器。不过也有例外，如在明代的抗倭战争中，名将俞大猷（yóu）用俞公棍训练少林弟子，在实战中就发挥了很好的作用。据称当时有30多名少林武僧，“各持铁棍重三十斤，抡棍进破，敌遇者即仆”。

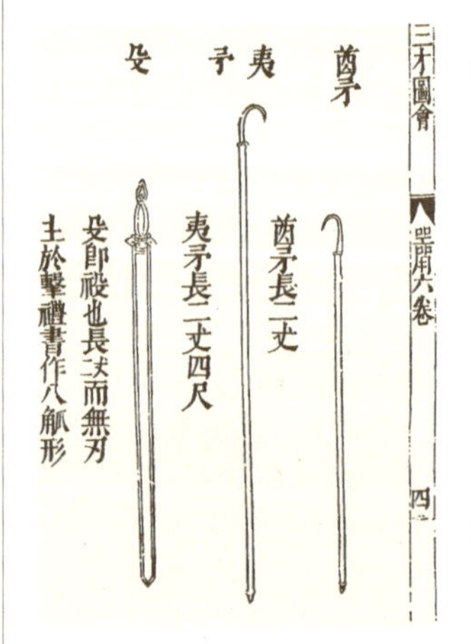

…明代《三才图会》中的兵器图，左侧兵器即为殳

在中国历史上，少林棍术曾名噪一时。据传，在隋末农民战争中，秦王李世民为了躲避王世充部队的追击，进入少林寺藏身。少林寺的18位僧众，手持棍棒，

…魏晋南北朝时期(220—589 年)的执棍武士画像砖

凭借训练有素的少林棍术，与王世充的部队决斗，终于使李世民安全脱险。这便是流传很广的十八棍僧救秦王的故事。李唐王朝建立后，少林寺得到朝廷的庇护，少林棍术也因此名扬天下。但是，到明朝时，少林棍术开始衰落。据称俞大猷访问少林寺时，就曾慨叹当时的少林棍术“失古人真意”，并专门把俞公棍传给少林寺众僧。

…三国时期(220—280 年)的童子对棍图

在中国武术中，棍和拳被视为武术的基本功夫，认为只要学好了棍术和拳术，再学其他武功就可一蹴而就。如明代的何良臣在《阵记》中说：“学艺先学拳，次学棍。拳棍法明，则刀枪诸技特易之耳。所以拳棍为诸技之本源也。”明朝抗倭名将戚继光也有类似的说法：“若能棍，则诸利器之法，从此得矣。”正是因为认识到棍术的重要性，中国历史上的武术名家，对棍术均极为重视，并总结出了很多棍术套路，其中著名的有赵太祖螣蛇棒、俞大猷棍、少林棍、青田棍、白眉棍等等。俞大猷还著有《剑经》一书，专论棍术，可谓棍术的集大成之作。

为了使棍术训练达到较好的效果，棍术中对棍的制作材料、形制也有特定的要求。如宋代的《武经总要》中说，棍要“取坚重木为之，长四五尺”。现代武术中运用的棍一般以白蜡木制成，因为白蜡木有一定的分量，且柔顺性强，不易折断。棍有大棍、齐眉棍、三节棍、大梢子棍等多种形制。其中大棍长八尺多，需体力强健者才可自如地舞动；齐眉棍即立起来高与人的眉齐的棍，舞动时较为灵活；三节棍即用三节短棍，中间以铁环相连，舞动时可长可短，且便于携带；大梢子棍则由一长一短两根棍中间以铁环相连而成。

棍术演练的基本方法有劈、戳、抡、扫、撩等，它对于训练身体的协调性，增强肌肉的力量，均有极佳的效果。因此，自1991年起，棍术被列为世界武术锦标赛的正式比赛项目。

…唐代的棍术俑

…明代《三才图会》中的棍法图

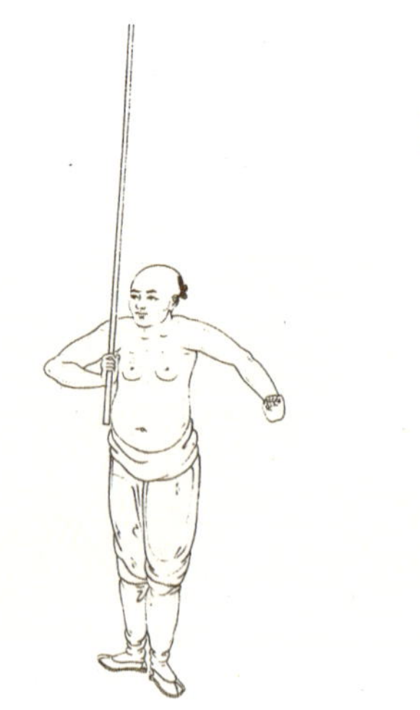

…清代庭呱等人所绘的棍术表演者

四、刀术

◎刀术是以刀为器械，并配以一定套路的一种武术训练和表演项目。武术中的刀术主要源于古代的军事训练。早在炎黄时期，以青铜制成的刀就开始在战争中运用。至汉代，刀已成为最主要的兵器之一，如《史记·匈奴列传》中在论述兵器时说："其长兵则弓矢，短兵则刀铤(chān)。"

刀在战场上主要用于近身肉搏，因此，持刀者用刀本领的高下，直接决定着他的生死存亡。为了提高持刀者的用刀本领，就需要在平时的军事训练中加以严格训练，以达到更好地保存自己、杀伤对方的目的。正是在这种军事训练中，用刀的方法被不断地规范化、系统化，从而形成了各种刀术。而当这些刀术训练的目的不

…五代时期(907—960年)敦煌莫高窟中的刀术壁画

是为了战场格斗，而主要是用于强身健体、用于表演或比赛时，它便渐渐演变成了武术中的刀术。

武术中的刀术种类很多，有太极刀、六合刀、梅花刀、追风刀、八卦刀等等上百种之多，它们又可以分为单刀、双刀和大刀三个大类。单刀即一手执刀，做出斩、刺、劈、撩、扫、腕花等各种动作，另一手随刀法而伸缩、开合，身体也随之翻滚、腾挪。双刀即双手各持一刀舞动，其刀法与单刀相似，但侧重双刀与身形、步法的协调、配合。单刀和双刀所用之刀刀柄较短，仅容手握，刀身也较为轻巧。相比之下，大刀的形状则较为浑厚。因大刀舞动时用双手握持，故它的刀柄很长，刀身也很厚，其重量通常达数十斤，如众所周知的三国名将关羽所用的青龙偃月刀，《三国演义》中称它重达82斤。大刀的刀法有斩、劈、抹、撩、挂等等，舞动时，主要依靠腰部发力。

刀术是中国武术中最主要的项目之一，因此，1949年以后，它被列为全国武术比赛项目。至1991年，则被列为世界武术锦标赛比赛项目。

…少林寺僧的大刀表演

五、枪术

◎枪术是以枪为器械的一种武术训练和表演项目。武术中运用的枪一般以白蜡杆为枪杆，枪杆长约略相当于成年人直立后双臂上举所形成的长度，杆头装呈菱形的钢制枪头，枪头与杆连接处通常以红缨装饰。

…明代太原崇善寺中的枪术表演壁画

…持枪冲锋的满族骑兵，清代郎世宁绘

武术中的枪术源于古代军队中的枪法。中国历史上自秦汉开始，军队中就装备有枪。自隋朝开始，已有系统的枪法训练。至唐宋时，枪已是军队中的主要装备。枪的攻击力强，故军中的许多将士都喜欢用枪。而那些枪法出众的高手，则常常被人冠以“铁枪”之名。如据《新五代史·死节传》载，后梁的王彦章因擅长用枪，被人称为“王铁枪”：“彦章为人骁勇有力，能跣（xiǎn）足履棘行百步。持一铁枪，骑而驰突，奋疾如飞，而他人莫能举也，军中号王铁枪。”另据《宋史》记载，宋代有一位农民起义的领袖，名叫李全，他也因为擅长使枪而被称为“李铁枪”：“李全以弓马矫捷，能运铁枪，时号李铁枪。”

明代是中国古代枪法发展史上的一个特殊时期，当时，出现了不少论述枪法的著作，如抗倭名将唐顺之的《六合枪谱》、吴殳的《手臂录》，另外，戚继光的《纪效新书》和程宗猷的《耕余剩技》中也都论述了枪法。其中，最有代表性的还数吴殳的《手臂录》，书中对当时的各种枪法，如杨家枪、沙家枪、马家枪、少林枪等，都作了精妙的分析，可谓枪法的集大成之作。

自19世纪中叶开始，由于现代火器在军队中的大量装备，传统意义上的枪便渐渐退出了战场。此后，枪法便主要是指武术上的用枪套路。

不过，在中国历史上，武术上的枪术与军事上的枪法本来就是合一的，如传统的杨家枪法、少林枪法、马家枪法等，既可用于军事，也可用于武术训练，两者并无什么分别。现代武术中的枪术则在传统枪法的基础上，淡化用枪的力度和搏杀功效，在保持枪法攻防功能兼备的前提下，着重于枪法的多变和身体姿势的舒展、美观。

枪术训练和表演时，要求扎枪平正、迅捷，并要求缠绕圆转，灵活多变。身法上也要求轻灵、快速、稳健，同时要把腿、腰、臂腕之力与枪合为一体。因此，在中国传统的十八般武艺中，枪术是较难掌握的一种。历代枪术训练中还总结出了不少口诀，诸如“前手如管”，指前手握枪时要松活；“后手如锁”，指后手要紧握枪杆；“去如箭，来如线”，指运枪要平正、迅捷；“枪扎一条线”，指扎枪要直出直入，等等。

三才圖會 人事七卷
蒼龍擺尾勢
乃掤退救獲之法電轉風回驚散梨花閃賺

…明代《三才图会》中的枪法图

…清代少林寺壁画中的枪法演练图

在中国武术中，枪与刀、剑、棍一起被称为武术中的四大器械，而枪又有“百器之王”的美誉。自1991年开始，枪术被列为世界武术锦标赛的正式比赛项目。

…反映宋代杨家将及其枪法传承的戏曲绘画《全枪传》

金鎗傳楊
延德大破番兵
楊六郎告御狀
六郎
大鬧陳家莊
八娘用討

六、剑术

◎在中国古代冷兵器发展的历史上，剑是一种较早出现的兵器。早在商周时期，就已经出现了青铜制成的剑。剑开双刃，剑脊凸起，形制优美，轻巧灵活，因此有“百刃之君”的美称。而剑术，正是随着剑的出现而发展起来的一种用剑技术。

…汉代的剑术表演画像石

春秋战国时期，由于步兵在战争中地位的日益提升，剑成了最受人们重视的一种兵器。因为步兵在战斗中必须进行近距离肉搏，而剑在运用时的灵活自如能使它在肉搏中享有更多的优势。因此，在当时，不仅出现了干将、莫邪、太阿、龙泉等名剑，而且剑术及剑术理论也得到了极大的发展。据《庄子·说剑》记载："昔赵文王喜剑，剑士夹门而客三千余人，日夜相击于前，死伤者岁百余人，好之不厌。"赵文王酷爱剑术，他在宫中养了3000多剑客，天天看他们以生死相搏，以致每年均有上百人死于剑下。他的这种爱好，无疑会促使这些剑客为了保存自己、杀伤对方而精研剑术。

正是由于剑在实战中的广泛应用和人们对剑术的精研，春秋战国时期的剑术已经达到了很高的水平。《说苑》中对当时的鲁石公的剑技有这样的描述："鲁石公剑，迫则能应，感则能动，昀(tián)穆无穷，变无形象，复柔委从，如影如响，如龙之守户，如轮之逐马，响之应声，影之象形也。"随着人们剑技的提高，剑术理论也得到了很好的总结。在《吴越春秋·勾践阴谋外传》中记述了一段越王勾践与剑术高手越女的对话，可视为当时剑术理论的典型代表："越王问曰：'夫剑之道，则如之何？'……女曰：'其道甚微而易，其意甚幽而深。道有门户，亦有阴阳，开门闭户，阴衰阳兴。凡手战之道，内实精神，外示安仪，见之似好妇，夺之如惧虎。布形候气，与神俱往；杳之若日，偏如腾兔；追形逐影，光若彿彷，呼吸往来，不及法禁；纵横顺逆，直复不闻。斯道者，一人当百，百人当万。王欲试之，其验即见。'"

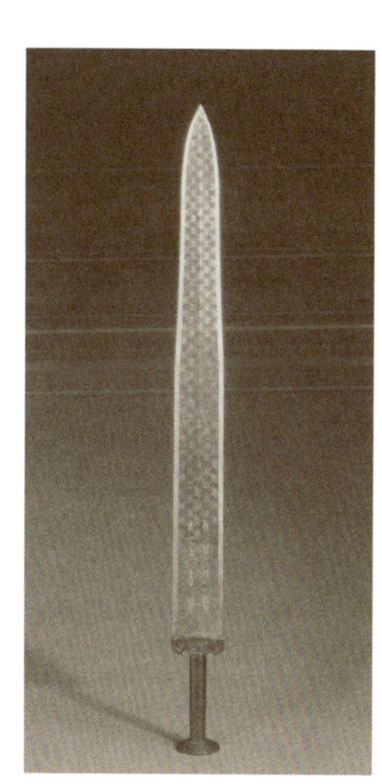

…春秋时期(前770–前476年)的越王勾践剑，1965年在湖北省江陵县出土。此剑至今仍光华夺目，堪称中国古剑中的杰作

至汉代，由于骑兵逐渐成为战场上的主力，长可及远的长刀、长枪成了战场上的主要兵器，这样，剑便渐

…汉代南阳画像石中的越女舞剑图

渐退出了战场。但是，退出战场的剑并未被人们弃而不用，相反，它在一些特殊的领域受到了人们的重视。如据《汉书》载："汉制，自天子至百官，无不佩剑。"这主要是因为剑轻巧美观，既便于携带，又具装饰作用，加上它还有攻防兼具的功能，故成为人们的一种特殊的佩饰。此外，剑术高超者的剑技表演极具观赏性，因此，精妙的剑术表演常常受到人们的欢迎。人们在一些传统节日或宴饮场合也常常会邀请精于剑术的剑客当众表演。如《史记》中讲到楚汉相争时，项羽和刘邦在鸿门聚宴，项羽的手下项庄就当场拔剑表演剑术，意欲以舞剑为借口，趁机刺杀刘邦，留下了"项庄舞剑，意在沛公"的典故。

剑术表演可以有不同的方式，既可以单人表演，也可以多人同时按照一定的套路舞剑。另外，还可以在剑手之间进行格斗表演，如魏文帝曹丕在《典论》的自序中称，自己是一位剑术爱好者，对剑术有较深的研究，他曾与军中的剑术高手比剑，并轻易取胜："余又学击

…西汉时期的对搏画像砖，中心图案为两位持剑搏击的人物

…秦末楚汉相争时，项羽兵败垓下，其宠姬虞姬自杀。该图系民国时期的广告画，描绘了虞姬自杀前为项羽进行舞剑表演的情景

剑，阅师多矣。……尝与平虏将军刘勋、奋威将军邓展等共饮。宿闻展善手臂，晓五兵，又称其能空手入白刃。余与论剑良久，谓言将军法非也，余顾尝好之，又得善术，因求与余对。时酒酣耳热，方食芋蔗，便以为仗，下殿数交，三中其臂。”

剑术表演在唐代极为盛行，这在当时的诸多咏剑诗文中可以得到反映，如李白有《古风》、韦应物有《古剑行》、贾岛有《剑客》、韩愈有《利剑》。不过，其中最具代表性的，还数杜甫的《观公孙大娘弟子舞剑器行》，诗中写道：“昔有佳人公孙氏，一舞剑器动四方。观者如山色沮丧，天地为之久低昂。㸌如羿射九日落，矫如群帝骖龙翔。来如雷霆收震怒，罢如江海凝清光。”杜甫用“天地为之久低昂”、“羿射九日”、“雷霆震怒”等来形容公孙大娘的剑术表演，可见

…清代的公孙大娘舞剑笔筒画

她的剑术已达出神入化之境。

宋元明清时期，剑术训练和表演在社会上一直盛行不衰。而且，由于剑术名家的不断总结，剑术理论进一步深化，剑术套路也越来越规范化和系统化。在这一时期，还出现了不少新的剑术套路和门派，较具代表性的有青萍剑、武当剑、达摩剑、太极剑、八卦剑等等。

目前，剑术是世界武术锦标赛的比赛项目。值得一提的是，中国剑术与作为奥运会正式比赛项目的击剑是两类不同的运动，虽然它们都是以剑为比赛器械，但是击剑源于欧洲，它分为花剑、佩剑和重剑三类，以参赛者的对攻实战为主，而中国剑术则侧重套路表演，不以实战为主。

…清代任熏绘制的《试剑图》

七、导引

◎导引又称道引，是指一种通过肢体的屈伸转动以达除病健身目的的运动。

历史上关于导引有多种理解，一种是把练静功时用意念引气称为导引，如《宁先生导引养生法》中说："于其疾所在，行气导引，以意排除也。"一种是认为导引即气功，如郭沫若在《奴隶制时代》中说："古人所说的道引，即今人所说的气功。"但更多的观点认为导引是一种肢体运动，如杨上善在《黄帝内经·太素·遗文》中说："导引，谓熊经鸟伸、五禽戏等。"葛洪在《抱朴子内篇·别旨》中说："或伸屈，或俯仰，或行卧，或倚立，或踯躅，或吟或息，皆导引也。"慧琳在《一切经音义》中也说："凡人自摩自控，伸缩手足，除劳去烦，名为导引。"

导引在我国有十分悠久的历史，它是上古人类在缺医少药的情况下，为了对付身体上的各种疾病而发明的一种自我治疗方法。对此，《黄帝内经·素问》中说，上古时，"其民食杂而不劳，故其病多痿厥寒热。其治宜导引按跻(qiāo)"。即认为导引起初是用来治疗因

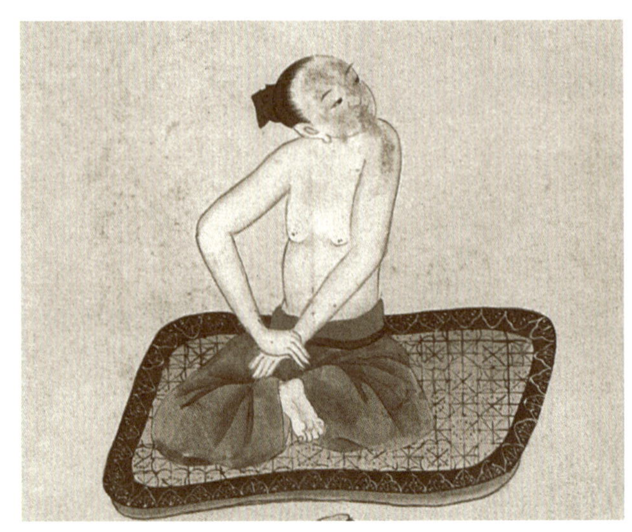

…绘于清代的《导引图》

食物郁积不化而引起的各种疾病的。

在远古人类长期的导引实践中，人们发现，导引不仅能有效地治疗某些疾病，而且，如果勤行不辍，还能预防疾病，甚至产生延年益寿的功效。这样，在战国时期，随着各种神仙方术之士的出现，导引又成了一种神仙方术，受到人们的推崇。如《庄子·刻意》中说：“吹呴(xū)呼吸，吐故纳新，熊经鸟伸，为寿而已矣，此道引之士，养形之人，彭祖寿考者之所好也。”意即导引是追求长寿的人所爱好的一种方术。

…绘于清代的导引功法图中的融会正气法

不过，虽然导引之术早在先秦时期就在社会上广泛流传，但是关于先秦时期导引术的具体情况，除了《庄子·刻意》中记载的“吐故纳新，熊经鸟伸”，我们知之甚少。到了秦汉时期，导引术则开始以系统的套路的形式出现。如在1973年从长沙马王堆汉墓中出土的一幅名为《导引图》的帛画中，已经描绘了导引的44种动作，其中人物或蹲或坐、或伸展或屈曲、或持械或徒手，形象逼真，十分生动。

在以后的历史中，导引术在社会上广泛流行，并发展

……马王堆汉墓中出土的帛画《导引图》

出了多种多样的功法。在晋人葛洪的《抱朴子·内篇》中，即有“导引秘经，千有余条”之说。分别创立于东汉末年和宋代的五禽戏与八段锦，都属于导引术中较具代表性的功法。

八、五禽戏

◎五禽戏即模仿五种动物的动作的一种导引功法，它是东汉末年沛国谯（qiáo）郡（今安徽亳县）人华佗编创出来的。

…华佗像，选自《中华古文明大图集》

华佗是中国历史上著名的医生，擅长外科手术，倡导运动养生。他认为，人只有通过运动，才能更好地运化身中的谷气，使身体健康，不易生病，其原理就好比经常转动的门轴不易生蛀虫一样。对此，《三国志·华佗传》中这样转述华佗的观点：“人体欲得劳动，但不当使极尔。动摇则谷气得消，血脉流通，病不得生，譬犹户枢不朽是也。是以古之仙者为导引之事，熊颈鸱（chī）顾，引挽腰体，动诸关节，以求难老。”正是基于这样的认识，他在长期观察的基础上，模仿虎、鹿、熊、猿、鸟五种动物的活动形态和特点，创作了一套健身体操，并名之为“五禽戏”。

华佗发明五禽戏后，首先在他的弟子中推广，并且取得了明显成效。如他的一个名叫吴普的弟子坚持练五禽戏，到90多岁时，仍然耳聪目明，牙齿坚固；他

…五禽戏中的虎戏，选自《内外功图说辑要》（下同）

…五禽戏中的熊戏

…五禽戏中的鹿戏

…五禽戏中的猿戏

…五禽戏中的鸟戏

的另一个弟子樊阿则因练五禽戏，活到100多岁时，仍然精力旺盛。但是，遗憾的是，华佗五禽戏的具体动作今已失传，我们只能从晋时陶弘景的《养性延命录》中，了解其中的一些大致内容：

“虎戏者，四肢距地，前三踯，却二踯，长引腰，侧脚，仰天，即返距行，前，却，各七过也。

“鹿戏者，四肢距地，引项反顾，左三右二，伸左右脚，伸缩亦三亦二也。

“熊戏者，正仰，以双手抱膝下，举头，左擗（pǐ）地七，右亦七，蹲地，以手左右托地。

“猿戏者，攀物自悬，伸缩身体，上下一七，以脚拘物自悬，左右七，手钩却立按头各七。

“鸟戏者，双立手，翘一足，伸两臂，扬眉用力，各二七，坐，伸脚，手挽足趾各七，缩伸二臂各七也。”

从上述内容来看，五禽戏主要是一种伸缩四肢、转动身体的运动，与现在流行的各种健身操极为相似。据称，五禽戏中每一禽戏的功能各不相同，经常练虎戏可增长气力，使精力旺盛；经常练鹿戏能使腰肾坚固，利于长距离行走；经常练熊戏能增强脾胃功能，利于消化；经常练猿戏能增强人的灵活性，并利于智力开发；经常练鸟戏则利于提高人的平衡能力。

九、八段锦

◎八段锦是发明于宋代的一种导引功法。关于八段锦的最早记载见于宋代洪迈的《夷坚志》："政和七年，李似矩为起居郎……尝以夜半时起坐，嘘吸按摩，行所谓八段锦者。"八段锦由八节动作组成，因认为每节动作都对身体健康有神奇的功效，故以"锦"称之。

八段锦的基本动作为：1.叩齿集神法。2.摇天柱法，主要为头左右摇动。3.舌搅漱咽法。4.摩肾堂法。5.单关辘轳法，即分别摇动左右肩。6.左右辘轳法，即左右肩同时摇动。7.左右按顶法，即两手相叉后上举。8.钩攀法，即以手钩攀双足。关于八段锦的行功要领及功效，明代养生家高濂在《遵生八笺》一书中有这样的

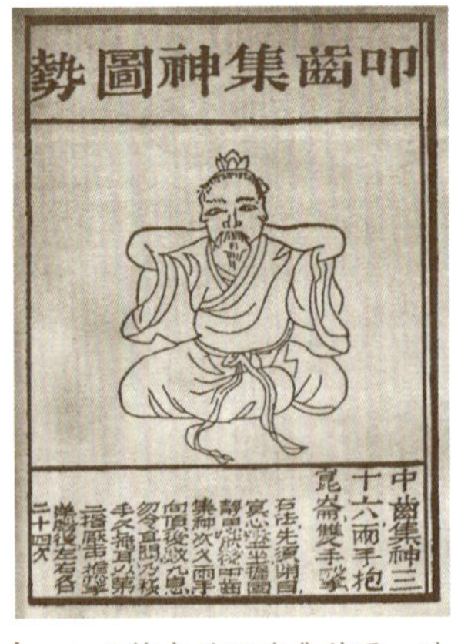

…八段锦中的叩齿集神图，选自明代高濂的《遵生八笺》(下同)

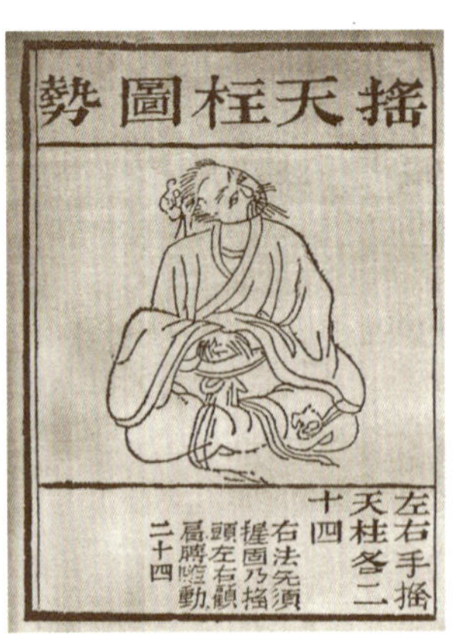

…八段锦中的摇天柱图

…八段锦中的舌搅漱咽图

记述：“其法于甲子日，夜半子时起首，行时口中不得出气，唯鼻中微放清气。每日子后午前，各行一次，或昼夜共行三次，久而自知。捐除疾病，渐觉身轻，能勤苦不怠，则仙道不远矣。”

八段锦在长期的流传过程中，其动作名称和锻炼方法也有诸多变化，如锻炼时有坐式、站式、马步式三种方法，又有南派北派之分，还有文八段锦与武八段锦的区别，等等。不过，万变不离其宗，以肢体动作为主，结合一定的呼吸吐纳功夫，集中意念，是八段锦的基本特点。直到现在，八段锦仍作为一种行之有效的健身功夫，在社会上流传。

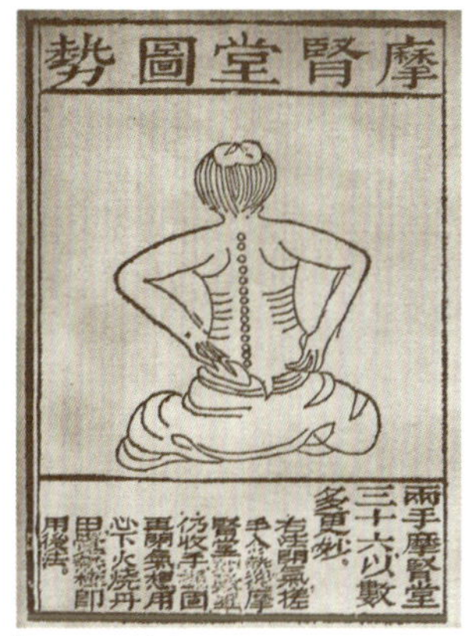

…八段锦中的摩肾堂图

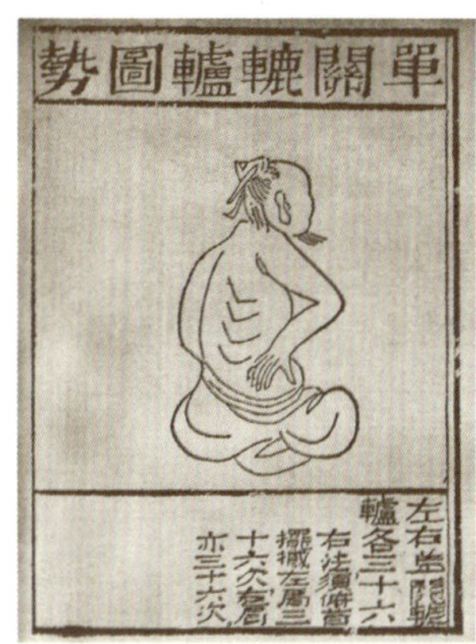

…八段锦中的单关辘轳图

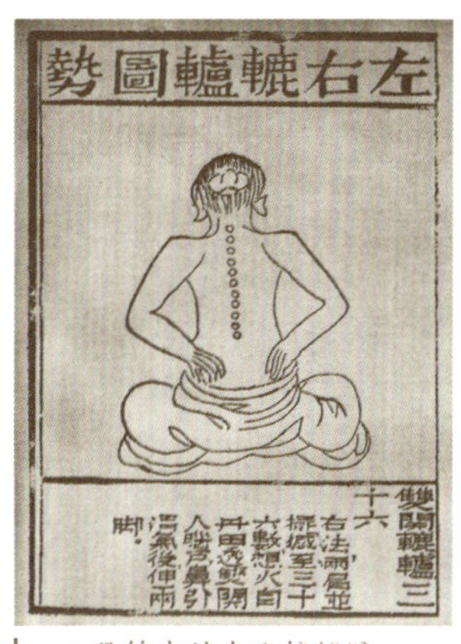

…八段锦中的左右辘轳图

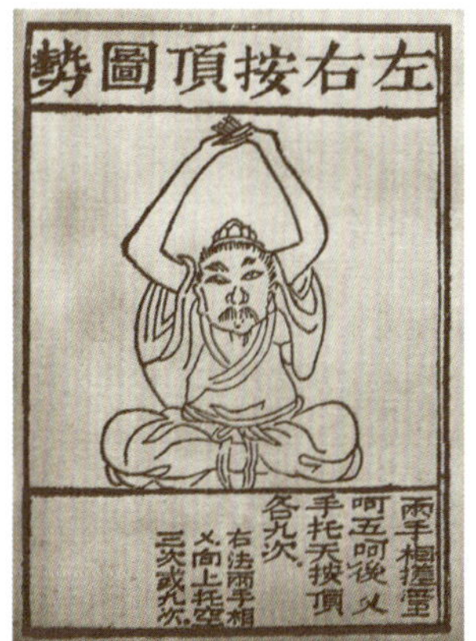

…八段锦中的左右按顶图

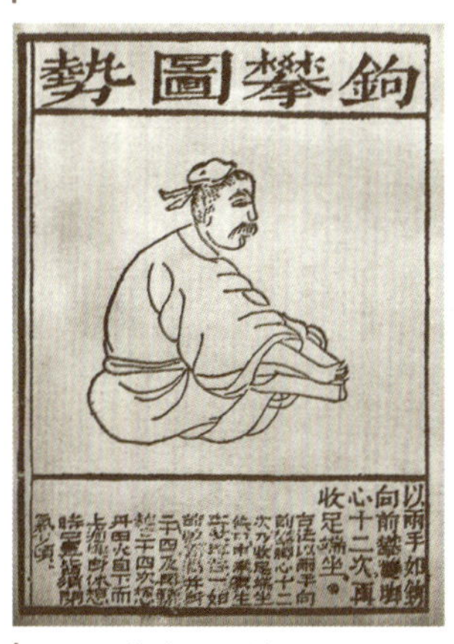

…八段锦中的钩攀图

第十章 娱乐运动

御车

射箭

弹射

狩猎

垂钓

拔河

放风筝

荡秋千

捉迷藏

跳百索

一、御车

◎御车即驾驭马车。据传中国在夏朝时就发明了马车，至商朝，马车已广泛应用于军事和交通。用于军事上的马车又称为战车，它由4匹马牵引，车上乘3人，中立者为驭手，左立者为弓箭手，右立者为戈矛手；车的两侧和后面跟有若干步卒，其状与现代战争中的坦克部队颇为相似。而以马车为交通工具的则通常是君王或权贵之人。因此，无论是用于战争的马车，还是用于交通的马车，都对驾驭马车者的御车技术有较高的要求，因为它不仅影响着战争的胜负，也关系到乘车者的生命安全。

…东汉时期的御车墓室壁画

1．五御：御车的五条重要标准

正是因为御车者处于既特殊又重要的位置，古人对御车者的技术训练极为重视，早在《周礼》一书中，就对御车者的御车技术确立了五条标准，即所谓的“五御”：“鸣和鸾，逐水曲，过君表，舞交衢，逐禽左。”因为这五条标准运用的是古代术语，现代人很难理解，所以我们还是来参考一下刘伯骥先生在《六艺通论》中对它们的具体解释。

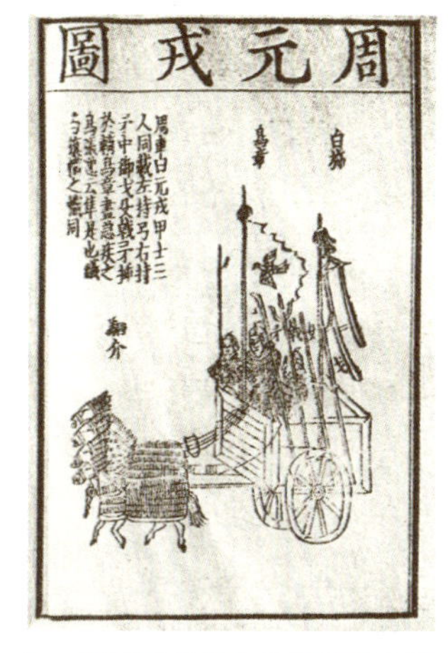

…《诗经》插图中描绘的周代的战车，选自《中华古文明大图集》，中间站立的即御车者

鸣和鸾：行车时马颈下的铃声和车轼上的铃声要协调，马平，合于节奏，马稳车平。这是一种控制马的本领。

逐水曲：车傍水而行，且道路逶迤，能驾车曲屈而驶，不致车翻马仆，以适应野战要求。

过君表：驾车经过国君所在地时，御车向辕门直入，中而不偏，表示行礼致敬。

舞交衢：车马奔驰中，要求根据突发情况能左旋右转，回环自如，不能乱步，强调四马协同的能力。

逐禽左：驾车田猎时，要把猎车驾御到禽兽的左侧，以便射杀。用于战场则便于发挥弓箭的威力。

由上可见，“五御”的标准虽极为简要，但要做到却并不容易，可以说，它的技术要求一点也不逊于我们今天的汽车驾照考试。

在西周时期，御车被列为六艺之一，六艺即礼、乐、射、御、书、数，它是当时士阶层必须掌握的六门知识。到了春秋时期，人们除了要求御车者有过硬的驾车本领，还对他提出了更高的要求。如《论语·乡党》中有这样的规定：“升车，必正立执绥；车中，不内顾，不疾言，不亲指。”意即上车后，一定要端正站好，手拉扶手，并且要不回头看，不大声说话，不指指点点。虽

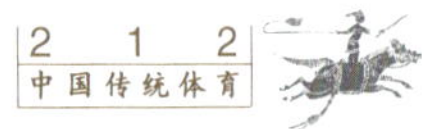

···汉代墓室壁画中描绘的车马出行的盛大场面（摹本）

…明刊本《帝鉴图说》中的周穆王巡游天下图，图中的御车者即造父

然《论语》中的这个要求似乎主要是对乘车人而言，但是，可以推断的是，当乘车者谨守规矩的时候，绝不会允许御车者采取随意散漫的态度。

2. 御车高手：造父与王子期

由于人们对御车技术的严格要求，在中国历史上，出现了不少御车技术高超之士，其中最有代表性的，当数造父与王子期。

据《穆天子传》载，西周时的周穆王曾坐着由8匹马牵拉的豪华马车周游天下，而驾驭这辆马车的车夫名叫造父，他是当时最有名的御车手。据《列子》一书中说，造父的御车技术传自一位名叫秦豆氏的人。当时，造父听说秦豆氏御术出众，便不远千里，前去学艺。但是，秦豆氏却不教他御术，而是教他在空间很窄的木桩间快速地来回穿行。造父不明其意，但还是按照要求严格地去做。直到有一天，秦豆氏看到造父已经能在木桩间自如地穿行，便告诉造父说："凡所御者，亦如此也……内得于中心，而外合于马志，是故能进退履绳，

⋯汉代壁画车马出行图

而旋曲中规，取道致远，而气力有余，诚得其术也。”意即御车的诀窍在于御车者与马心志相通，这样才能得心应手。

王子期是战国初年著名的驭手，赵襄王听说他的名声后，便把他请来做自己的御术教练。经过一年的学习，赵襄王认为已尽得王子期之技，便提出与王子期进行御车比赛，结果赵襄王输了。赵襄王很生气，认为王子期没有把技术悉数传授给他。王子期解释说，技术已悉数传授了，只是你在具体运用上还欠火候，不要一心去想着赢，因为那样会影响马的能力的发挥。

自汉以后，因为步兵与骑兵成为军队中的主力，战车便退出了战场，从而使御车者失去了施展身手的广阔舞台，曾为六艺之一的御车之术便渐渐衰落了。当然，作为六艺之一的御艺的衰落，并不代表社会上不再需要御车者，在汽车等动力车广泛应用之前，马车一直是人们出行和运输的重要工具，而只要存在马车，就少不了御车者。

二、射箭

◎射箭是一种极为古老的运动。据考古发掘资料，在距今两万多年前的山西峙峪人遗址中，已发现有石制的箭头，由此可见射箭的历史是多么的悠久。

1. 弓箭的诞生

射箭技术的出现之所以如此之早，与远古人类的生存活动有极为密切的关系。因为在农业生产出现以前，远古人类主要靠狩猎和采集为生。开始时，人们主要靠棍棒和石头对付野兽，这就必须与野兽进行近距离的搏

…唐代敦煌壁画武士跪射图

斗，这样，不仅对人的生命有很大的威胁，而且也会引起野兽警觉，从而无法接近它们。人们在长期的生活经历中发现，竹子及一些柔韧性较好的树枝会产生很大的反弹力，用这种反弹力来发射物体，可产生很强的杀伤力。这样，久而久之，弓箭便发明了。自从有了弓箭，人们不仅能在较为安全的情况下杀伤野兽，而且能射击天上的飞鸟，从而使人们获取食物的本领有了很大的提高。

2. 后羿射日

擅长射箭意味着可以获取更多的猎物，因此，古人对擅长射箭的神箭手十分推崇。神话传说“后羿射日”就是在这种崇拜射箭技术的状况下创造出来的。据传，在帝尧时代，天上突然出现了10个太阳，把大地烤成了一片焦土，地上的人们都在死亡线上挣扎。天帝俊发现此事后，便派神箭手后羿下凡。后羿用箭一下子射下了9个太阳。从此，大地上又开始风调雨顺，万物也重新茁壮成长了。把射箭本领高强的后羿夸张成连太阳都能射下来，可见当时的人们对神箭手是何等的崇拜了。

…《楚辞图》中的后羿射日图，地上被箭射落的乌鸦代表太阳

3. 纪昌学射

既然崇拜射箭本领高强的人，也就会同时重视对射箭技术的训练。“纪昌学射”的故事，就反映了当时人们对如何学习射箭技术的理解。据《列子》记载，从

前有个名叫飞卫的人，射箭技术十分高明。纪昌听说他的名声后，便十分恭敬地拜他为师。然而，飞卫却并不教纪昌射箭，而是让他先去练一种不眨眼的本领。纪昌回家后，整天趴在地上看他妻子织布时织布机上梭的快速往返。练了一段时间后，即使有人拿锥子要扎他的眼睛，他也可以不眨眼。纪昌把情况告诉了飞卫，飞卫又让他去练视小物如大物的本领。纪昌用牛毛拴住一只虱子，然后把它挂到窗户前，整天盯着它看。不久，这只虱子就在纪昌的眼里开始变大，到最后，竟变成车轮一般大。纪昌又把这一情况报告给了飞卫。这时，飞卫对纪昌说，你现在可以练射箭了。纪昌张弓搭箭，一箭向虱子射去。结果，箭射中了虱子的心脏，而牛毛仍不断。这样，纪昌就成了名闻天下的神箭手。纪昌学射的故事当然不可能全是事实，但是它提到的射箭时要不眨眼、要清楚地确定目标，则是射箭的基本要领。

4. 西周时期的射礼

…四川德阳出土的东汉时期的习射画像砖

西周时期，礼作为一种统治手段和人们日常交往的规范而受到人们的高度重视。礼的特点是要求内心中正，表现于外时则要求规矩合度。人们发现，射箭时的状况与礼的这一特点十分吻合，如

《礼记·射义》中说："故射者进退周还必中礼，内志正，外体直，然后持弓矢审固；持弓矢审固，然后可以言中。此可以观德行矣。"正因为射箭具有这一特点，在西周时，发明了一种称为射礼的活动，并把它与礼、乐、御、书、数一起称为六艺，成为士阶层的人必须习练的一种技能。西周时的射礼十分复杂，光是名称就有大射、燕射、宾射、乡射之分，在具体射箭时，还要奏乐、行礼等等，搞得十分繁琐。因此，到了东周时，已很少有人严格按射礼去射箭了。

…周代(前1046–前256年)的弓箭

5．射箭技术在战争中的应用

弓箭既可用于射猎野兽，当然也可用于射人。因此，随着人类争夺战争的展开，弓箭便从一种获取食物的主要手段演变成为一种战争工具。商周时期，战车是战场上的主力，每辆战车上除了驾车手，只坐两个人，其中一个就是弓箭手，可见他在古代战争中的地位是多么重要。

春秋战国时期，争夺战争越来越激烈、残酷，人们对射箭技术的培养也进一步重视起来。据《韩非子·内储说》载，魏国的相国李悝为了防御秦国的进攻，要求国内的百姓人人都要练习射箭。为此，他还出台了一项奇特的法令：凡碰上不好判决的案件，就由争讼的双方比赛射箭，箭术高明的人为赢方。此令一下，百姓们为了能在争讼中获胜，纷纷置弓习射，于是国中习练射箭成风。不久，秦国入侵魏国，魏国百姓依靠他们久已练就的射箭技术，把秦国军队打得一败涂地。

…秦汉时期的骑射画像砖

在战国时期，还出现了一个名闻天下的射箭高手养由基。据《左传》记载，养由基是楚国人，在一次与晋国军队的作战中，他一箭射死了晋国大将魏锜(qí)，从而迫使晋军败退。楚国国君因此厚赏了养由基。当时，楚军中还有一个神箭手，他不认为养由基的箭术能超过自己，便提出与养由基举行射箭比赛。一开始两人从百步之外向箭靶射箭，结果不分胜负。这时，有人出了个主意，他在距离两位射手百步外的一棵杨树的一片叶子上画上红色，让他们两人用箭射这片叶子。结果，这位神箭手没有射中，养由基却射中了。成语“百步穿杨”便典出于此。

…明代《三才图会》中的骑射招式

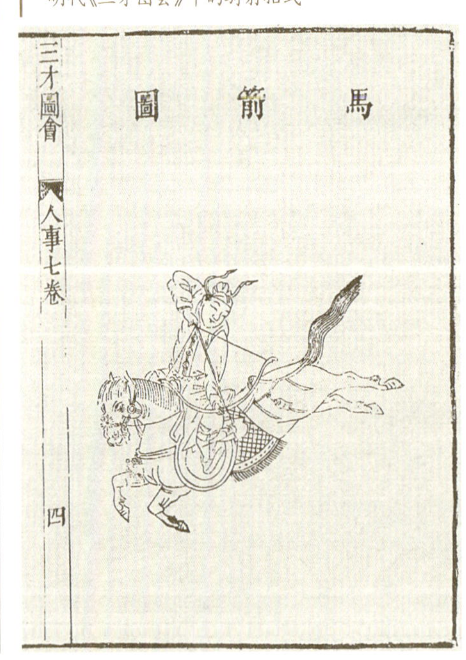

战国时期，随着骑兵在战争中的运用，人们还发明了骑射这种射箭方式。所谓骑射即骑在马上射箭。骑在马上射箭，既要掌握身体的平衡，又要有很高超的判断力，因此它对射箭技术提出了更高的要求。战国时首先提倡骑射的是赵国的赵武灵王。赵国因处在中国的北部，经

常受到胡人的进犯。胡人进攻时身穿短衣，人人骑马，轻巧灵活，常常使以战车为主要装备的赵国军队疲于奔命，且屡吃败仗。为了改变这一局面，赵武灵王果断地要求军人脱掉宽袖大袍和沉重的铠甲，穿上窄袖的短衣，抛弃笨重的战车，直接骑马作战。赵武灵王此举史称“胡服骑射”。胡服骑射不仅使赵国彻底扭转了与胡人作战时的被动局面，而且还使赵国一跃而成为当时的军事强国。此后，骑兵逐渐成了战争中的主力军。

秦汉时期，射箭技术一直在军事上受到人们的重视，从而也出现了不少与射箭相关的佳话。如西汉时，飞将军李广北击匈奴，他因为擅长射箭，使匈奴官兵一听到他的名字，便落荒而逃。一次，李广在巡营时，隐约看到前方突然出现了一头猛虎，李广来不及思索，便一箭向猛虎射去。眼看着猛虎已被箭射中，李广便走上前去察看。然而让李广惊奇的是，他射中的并不是一头猛虎，而是一块坚硬的形状似虎的巨石，而且箭矢已深深地射入了石中。此后，李广连续几次向巨石射箭，都没能将箭射入石中。由此可见，李广“射虎”的那一箭中蕴蓄了多么大的力量。

…《李广射石图》，清人任伯年绘

另据《三国志》载，东汉末年，袁术派大将纪灵率大军进攻刘备。当时刘

…描绘吕布射画戟的民间绘画《辕门射戟》

备兵少将寡，便向吕布求援。吕布两边都不想得罪，便想出了一个折衷方案。他把刘备和纪灵请到一起，对他们说：我把我的方天画戟立于百步之外，如果我的箭射中画戟中的小枝，双方便罢兵言和；若射不中，听由纪灵进攻刘备。要在百步之外射中画戟的小枝，这是极为困难的事，因此，纪灵便同意了吕布的建议。谁知吕布一箭射去，恰中画戟的小枝。纪灵不好反悔，只好引兵而退。由此可见，虽然吕布为人刻毒多变，但确实身怀绝技，有过人的本领。

唐朝自武则天统治时开始设武举，射箭便是其中重要的考核项目，此举对推动射箭技术的发展无疑会产生巨大的推动作用。辽、金、元三朝统治者起自北方的游牧部落，其对射箭技术的重视自不待言。至清朝，虽然火器在军事上的应用范围越来越广，但八旗兵对射箭技术的训练仍十分重视。对此，清人曼殊震钧在《天咫偶闻》中有这样的解释："国家创业，以弧矢威天下，故八旗以骑射为本务。"不过，清朝中期以后，尤其是随着

…唐三彩骑射俑

两次鸦片战争的爆发，清政府在洋枪洋炮面前吃尽了苦头，弓箭才最终退出了战场。

6. 射箭与娱乐

弓箭退出战场并不意味着射箭这项活动的消失。因为在中国历史上，射箭除了用于军事目的，还是人们

…明代绘画《宣宗宫中行乐图》(局部)中的射箭场景

…金代的射九重鼓壁画，描绘了金代的一种射箭游戏

娱乐的一种手段。如早在魏晋南北朝时期，就有一种在重阳节时饮酒射箭的习俗。据《南齐书·礼志》载：“九月九日马射。或说云，秋金之节，讲武习射，像汉立秋之礼。”至唐代，仍有重阳节射箭的活动。据史书载，唐太宗贞观十六年的重阳节，就曾“赐文武五品以上，射于玄武门”。

除了重阳节射箭，古代还有一种名为射柳的游戏。所谓射柳，就是用箭射柳枝。这种运动源于中国北部的少数民族。据《辽史·礼志》载，辽代有在天旱祈雨时射柳的习俗：“及期，皇帝致奠于先帝御容，乃射柳。皇帝再射，亲王、宰执以次各一射。”而且，在宋朝时，这种射柳的习俗已传入了中原。如孟元老在《东京梦华录》中说：“以柳枝插于地，数骑以刬子箭，或弓或弩射之，谓之蜡柳枝。”至明代，仍盛行射柳的游戏。据《明史·礼志》载，明成祖朱棣就酷爱射柳，他经常去东苑观看射柳表演。

…北宋欧阳修创制的九射格，在射鹄时作为靶子

射柳是以柳枝为箭靶，而事实上，可以作为箭靶的东西很多，根据有关资料，铜钱、香火、皮侯等都曾是射箭爱好者娱乐时的箭靶子。射铜钱是指把箭射入铜钱的孔中；射香火是指在黑暗的夜晚，在庭院中点上香，再用箭把闪亮的香头射掉；射皮侯又称射鹄（gǔ），

…清代王致诚绘制的乾隆帝射箭图

…现代射箭比赛

鹄是一种用动物皮制成的东西，上面绘有熊、鹿、猴等9种动物的形象，根据射中的动物确定赏罚的标准。在曼殊震钧的《天咫偶闻》中，有专门关于清代射鹄活动的记载："士夫家居，亦以射为娱。家有射圃，良朋三五，约期为会，其射之法不一。曰射鹄子，高悬栖皮，送以响箭。鹄之层亦不一名，最小者为羊眼。"

中国的射箭活动虽然有十分悠久的历史，射箭方式也丰富多彩，但它始终没有发展成为一种正式的体育比赛活动。与此不同，英国则在19世纪中叶开始举办射箭锦标赛，并逐渐把这项活动推广到欧洲其他各国及美国等国家。1931年，国际射箭协会正式成立，并在同年举行了首届世界射箭锦标赛。1972年，射箭成为奥运会正式比赛项目。我国直到20世纪50年代末才开始进行现代射箭项目的比赛。不过，由于我国射箭选手的顽强拼搏，他们在世界大赛中的比赛成绩正在以极快的速度跃升。

三、弹射

◎弹射即用弹弓发射弹丸射击鸟类或别的目标。弹弓的制作极为简单，取一段呈丫状的树枝，在其顶端系上富有弹性的皮筋或牛筋即可。正因为弹弓制作十分简单，所以它是早期人类用于狩猎的一种工具。但是，用弹弓发射弹丸的力量比较有限，只能击伤一些小型的动物如鸟类或兔子等。因此，随着弓箭的发明，弹弓更多地成为一种儿童玩具或一些喜欢玩耍的人的娱乐工具。不过，需要说明的是，还有另外一种形状的弹弓，它与射箭时所用的弓相似，只是比弓要小，而且发射的不是箭矢，而是弹丸。

…明代《三才图会》中的弹射图

成语“螳螂捕蝉，黄雀在后”向我们讲述了一个发生在春秋时期的与弹射有关的故事。据刘向的《说苑》载，吴王准备进攻楚国，身边的许多大臣都认为此举不妥，但吴王却下令说，谁也不准提反对意见，违者处死。这时，吴王的一位侍从官的儿子想出了一个劝谏吴王的办法。他每天拿着弹弓在吴王的花园里转悠。一天，吴王去花园散步，碰到了这位少年，便问少年在干什么。这位少年趁机向吴王讲了一件事：我在前面的树上看到一只蝉，正在那儿畅饮露水；没想到在蝉的身后却趴着一只螳螂，正准备对蝉下手；而在不远处的树上，又停着一只黄雀，正作势要向螳螂扑去；黄雀的样子十分专心，却不知道我拿着弹弓正在向它瞄准。这位少年并没有劝吴王停止攻楚，却委婉地表述了当吴国

东汉时期的弹射壁画

进攻楚国时，很可能会有别的国家趁机向吴国发动进攻。听了少年的话，吴王果然取消了进攻楚国的计划。没想到一支小小的弹弓，居然能影响到军国大事。

然而，有意思的是，弹射这种看来颇为小儿科的活动，却与历史上不少鼎鼎有名的人物结下了不解之缘。据史书记载，春秋时期的晋灵公就酷爱弹射，他不仅喜欢用弹弓弹鸟，而且喜欢用弹弓弹人，看到被他弹中的人那副痛苦的模样，晋灵公总是感到十分痛快。因此，当时的人骂“晋灵公不君”，即晋灵公根本就不像一位国君的样子。

西汉时，汉武帝有一个男宠，名叫韩嫣，他也喜欢弹射。不过，韩嫣弹射时有两个怪癖，一个是喜欢用金丸弹鸟，一个是有时也喜欢用金丸弹人。因此，有的老百姓看到韩嫣弹射时，会主动迎上前去，希望韩嫣能把自己作为弹射的目标，以获得金丸。

…唐代绘画《杨贵妃上马图》，图中太监手中所捧的即为弹弓

唐代后宫中的弹射之风也很盛，当时，后宫中曾实行这样一种做法：当皇帝游燕时，宦官要拿着弹弓发射弹丸为皇帝开道，以代替鸣鞭。在唐代绘画《杨贵妃上马图》中，绘有一个太监，他的手上拿着的就是弹弓。

宋太祖赵匡胤也酷爱弹射。据史料记载，赵匡胤有一次在后苑弹雀，正在兴头上，这时，有一位大臣求见。赵匡胤扫兴地放下弹弓，问这位大臣何事求见。结果，这位大臣说了一件无关紧要的事。赵匡胤感到很恼火，便责备这位大臣：这么区区一件小事为何还急着求见！没想到这位大臣竟然顶撞道：这事总比你弹雀要急吧！赵匡胤恼羞成怒，随手拿起旁边的斧子就向这位大臣的脸上击去，一下击落了两颗牙齿。不过，赵匡胤终究是一代明主，他最终认识到了自己的冒失，并厚赏了这位大臣。

…元代赵雍绘制的《挟弹游骑图》（局部）

赵匡胤有一位宠妃，叫花蕊夫人，她本是后蜀主孟昶（chǎng）的一位夫人。孟昶也喜欢弹射，当时的画工专门为他画了一幅他正在弹鸟的画。花蕊夫人与孟昶感情颇笃，后蜀亡后，花蕊夫人被迫归入赵匡胤的后宫，但她却把这幅画随身带了出来，当她思念孟昶时，便会挂起来欣赏一

…清代王翚(huī)等绘的《康熙南巡图》(局部)中描绘的弹射情景

番。花蕊夫人曾写过一首诗，歌咏弹射之戏，其中有“回头索取黄金弹，绕树藏身打雀儿”之句。宋代的王珪也写有一首宫词，专门描绘后宫宫女弹射时的情景：“侍女争挥玉弹弓，金丸飞入乱花中。一时惊起流莺散，踏落残英满地红。”

明朝的明武宗和崇祯帝也喜欢弹射之戏。明代后宫为了供皇帝弹射，还专门设立了一个名为弹子房的机构。弹子房的职责是制造弓和弹丸。当时的弹弓用柘木制成，弹丸则以泥和成。弹丸有各种不同的型号，盛在特制的黄布袋中。

现在，在全国各地的一些农村，仍可看到一些少年，在放学之后，以弹射为乐。作为一种运动，弹射的运动量固然较小，但是，它对于训练人的动作的协调性和瞄准目标的能力，还是有很好作用的。

四、狩猎

◎狩猎是一种猎取动物的活动，它源于远古时期，是远古人类获取食物的主要手段之一。后来随着农业生产的出现，除了极少数地方的人仍以狩猎为生，一般均是把它作为一种娱乐活动。

1．规模盛大的帝王狩猎

作为一种娱乐活动的狩猎，既可以个体的方式进行，亦可群体进行。在群体狩猎活动中，最值得一提的，当数帝王狩猎。因为帝王可以动用庞大的人力物力，从

…绘于西晋时期(265—317年)的狩猎壁画，虽然线条简洁，但是整个画面充满动感，极为传神

而使狩猎活动热闹非凡，充满刺激。

在中国历史上的皇帝中，汉武帝对狩猎情有独钟，史称他“以驰逐野兽为乐”。关于汉代皇家狩猎的盛大场面，枚乘在《七发》中有生动的描绘：“驯骐骥之马，驾飞軨(líng) 之舆，乘牡骏之乘。右夏服之劲箭，左乌号之雕弓。游涉乎云林，周驰乎兰泽，弭节乎江浔。掩青蘋，游清风。陶阳气，荡春心。逐狡兽，集轻禽。于是极犬马之才，困野兽之足，穷相御之智巧，恐虎豹，慴鸷鸟。”

唐代也有不少皇帝喜欢狩猎。史载唐高祖李渊每年都要举行一两次大规模的狩猎活动。唐敬宗也喜欢狩猎，而且，他就是在一次狩猎结束后，被人打死的。

宋元明时期，喜欢狩猎的帝王也很多，在一些史书中，有关于宋高宗赵构、元世祖忽必烈、明宣宗朱瞻基从事狩猎活动的记载。而且，尤其难得的是，关于这些帝王从事狩猎的情况，都被画家们画了下来，使我们得

…绘于唐代的狩猎出行图

…明人仇英仿宋人萧照绘制的《瑞应图》(局部)，描绘了宋高宗赵构狩猎的情形

以有机会一睹当时狩猎的盛况。

不过，在历史上的帝王狩猎活动中，规模最大的，还要数清朝康熙和乾隆二帝的“木兰秋狝”。木兰即木兰围场，它在承德避暑山庄以北400里。那里，水草丰茂，林木繁盛，是兽群聚集之处。清王朝由满族人建立，满人本生活在北方的长白山麓，以狩猎为重要的谋生手段。凭借狩猎时练就的骑射之术，他们击败了懦弱的明朝政权。因此，清王朝建立后，清帝不忘他们的立国之本，为了使自己的族人保持骑射之习，每年秋天都会在木兰围场举行一两次规模庞大的狩猎活动。届时，有成千上万的随从和军人，簇拥着全副武装的皇帝进行狩猎。当各类动物被驱赶入围场后，皇帝便会举起他手中的弓箭，尽情射杀，享受狩猎带来的快乐。不过，对于皇帝来说，木兰秋狝活动，既是一次放松心情、锻炼身体的机会，也有检阅武备之意。因为调动成千上万的军人进行狩猎，实与一次大的军事行动无异，从中可以看出军人的素质，反映军队的纪律，如乾隆帝就曾说过，举行木兰秋狝的目的，就是为了“察民瘼（mō），备边防，合内外之习，成巩固之业，习劳苦之役，惩宴安之怀”。

…明人商喜绘制的《明宣宗狩猎图》(局部)

…描绘乾隆帝木兰秋狩的清代绘画《木兰图卷》(局部)

2. 狩猎之道

当然，狩猎并非帝王的专利。在中国历史上，只要是生活在深山老林中的人们，即使不是以狩猎为生，也会或多或少地从事一些狩猎活动。在长期的狩猎活动

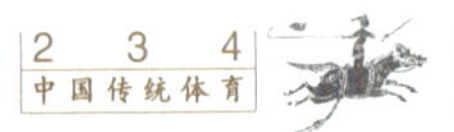

中，人们也总结出了不少狩猎的诀窍。这些诀窍包括：如何根据动物的足迹和粪便来判断要捕猎的是一种什么样的动物；如何更好地运用捕猎动物的器械，因为虽然猎枪、弓箭、捕笼等均可用来捕猎动物，但是，对于不同的动物，采用相应的捕猎工具，无疑能收到更好的效果；如何引诱动物从它们的藏身之处现身，通常用肉块或禽畜尸体来引诱狼，用食盐或白菜来引诱鹿，模仿兔子的惨叫声来引诱狐狸，等等。

狩猎无疑是一项充满刺激和乐趣的运动，但同时也是一项要求较高的运动，因为狩猎通常在山林中进行，为了寻觅和追逐猎物，必须要有长时间翻山越岭的体力；必须对动物的习性有一定的了解，这样，才能与它斗智斗勇，最后成功地猎取动物；必须有好的枪法，否则，狩猎便会成为一句空话；必须有过人的胆量，因为像狼、熊、野猪等动物都有置人于死地的能力……这些因素都决定了狩猎作为一项体育活动，只能在有限的范围内进行，而无法大规模普及。

…清代描绘台湾人狩猎场景的《台湾风俗图》(局部)

五、垂钓

◎垂钓是一种极为古老的活动，考古发掘资料证实，早在新石器时代，我们的先民就已经发明用骨头制成的鱼钩来钓鱼了。不过，事实证明，作为一种获取鱼的手段，钓鱼并不是最有效的，因为钓鱼的实质是骗鱼，而欺骗的成功率总是有限的。因此，随着渔叉、渔网等主动获取鱼的手段的发明，垂钓便渐渐从获取食物的手段中退了出来，而更多地变成一种陶冶性情、愉悦身心的活动。

…宋人马远的《寒江独钓图》

…汉代刻有钓鱼图案的画像石

1．万事无心一钓竿——垂钓的乐趣

作为一种陶冶性情的活动，垂钓能给人以一种纯美的享受。且不说鱼咬钩时的心头暗喜，亦不说钓鱼上岸时的极度兴奋，单是那满眼的波光粼粼，待鱼咬钩时老僧坐禅般的寂静，就给人一种超尘脱俗之感。更何况垂钓通常是在清幽之地，春秋天的清风做伴，盛夏时的柳荫孤舟，冰雪天的寒江独钓，是何等的令人神往。因此，中国历史上的隐士们，大多酷爱垂钓。其中最著名的，当数东汉时的严子陵。严子陵是光武帝刘秀的同学，又具超人之才，但当他听说刘秀当了皇帝后，为了躲避朝廷征召，便改名变姓，披着羊裘，垂钓于富春江边，真可谓“万事无心一钓竿，三公不换此江山”（见戴复古《钓台》诗）。至今在富春江边，仍有严子陵钓台，供后人发思古之幽。还有就是唐代的张志和，他是著名的诗人，写有“西塞山前白鹭飞，桃花流水鳜鱼肥”等著名的诗句。唐肃宗曾赐他一奴一婢，他却让这一奴

…元代萨都刺所绘的《严陵钓台图》

一婢匹配为夫妻，长年相随，自号“烟波钓徒”，以垂钓为乐事。《合璧类事》中称，张志和钓鱼时不设鱼饵，因为他的目的并不是真的要把鱼钓上来，而是为了享受垂钓时的那种乐趣。这一点，从张志和的一首《渔父歌》中也能看出来：“霅(zhā）溪湾里钓鱼翁，舴艋为家西复东。江上雪，浦边风，笑著荷衣不叹穷。”“笑著荷衣不叹穷”，若非真正的豁达之士，恐怕是很难做到的。

当然，垂钓作为一项简便易行、且有益于身心的活动，并非隐士们的专利。即使是热衷名利之人，偶尔也会放下手头俗事，加入垂钓的行列。唐代的钓鱼活动就很盛行，这从当时的一些诗文中可以得到反映。如柳宗元所写的脍炙人口的《江雪》：“千山鸟飞绝，万径人踪灭。孤舟蓑笠翁，独钓寒江雪。”司空曙的《江村即事》：“钓罢归来不系船，江村月落正堪眠。纵然一夜风吹去，只在芦花浅水边。”唐代甚至出现了专门研究钓鱼的著作，如著名文人陆龟蒙著有《甫里集》，集中专设《渔具》篇，对钓鱼时所需的钓竿、丝线、漂子、坠子、钩子等都有详细的介绍。到了宋代，钓鱼活动更为普及，当时已经出现专供垂钓的场所，必须办理一定的手续，

宋代的童子钓鱼瓷枕画

方可允许垂钓。对此，宋人孟元老的《东京梦华录》中有这样的记载：“其池（指金明池）之西岸，亦无屋宇，但垂杨蘸水，烟草铺堤，游人稀少，多垂钓之士，必于池苑所买牌子，方许捕鱼。”至明清时期，钓鱼则已成为不少人日常生活中不可或缺的一项活动，这从当时众多关于钓鱼的宫廷画和民间绘画中可以得到充分的反映。

2. 非为锦鳞，只钓王侯——垂钓与政治

说到钓鱼，我们似乎不能不说说姜太公，因为姜太公堪称中国历史上最著名的一位钓客。姜太公钓鱼是一个人人耳熟能详的故事，说的是商朝末年，姜太公在渭水边作歌垂钓，钓钩却是直的。旁观者对此很好奇，姜太公解释说：“宁在直中取，不在曲中求；非为锦鳞，只钓王侯。”结果姜太公“钓”来了周文王，被拜为丞相。从中可以看出，姜太公钓鱼与那种真正意义上的钓鱼，即那种为陶冶性情而进行的钓鱼相去甚远。根据有关资料及传说，姜太公是在一事无成的情况下，才去钓鱼的，而且，他钓鱼的目的，也是为了等候周文王，以便能实施自己扶周灭商的抱负。因此，姜太公钓鱼，是一种纯粹的手段，其功利目的是十分明确的。

在中国历史上，像姜太公那样借钓鱼达到自己目的的人不在少数，因为钓鱼不仅能欺骗鱼，有时也能欺骗人。其中较具代表性的，除了姜太公，还有两位，一位是春秋战国时的龙阳君，一位就是民国时的窃国大盗袁世凯。

据《战国策·魏策》载，龙阳君是魏王的男宠，也是中国历史上最著名的同性恋者，他为了得到魏王的

…明代袁尚统绘制的《寒江独钓图》

···明人吴伟的《渔父图》，描绘了一位正在水边待鱼上钩的钓鱼翁

…描绘姜太公钓鱼内容的民间绘画《渔樵问答》

专宠，煞费苦心。一次，龙阳君与魏王同船钓鱼，钓了一会儿，龙阳君突然莫名其妙地大哭起来。魏王赶紧问他为什么哭。在再三追问下，龙阳君告诉魏王说：我刚开始时钓到了一条小鱼，心里很高兴；过了一会儿，我钓到了一条大鱼，心里更加高兴，便把那条小鱼给忘了。由此我想到自己的身世，君王会不会因为遇到一个比我更好的男子，就把我给忘了呢？魏王听后，便向龙阳君发誓说自己不会改变对他的宠爱，并告诫周围的人说，如果以后有人敢再向我推荐美人，就处以灭族之刑。这样，龙阳君借垂钓之事，巧妙地稳固了自己的专宠地位。

袁世凯钓鱼则更具欺骗性。晚清时期，慈禧太后和光绪皇帝死后，曾手握重兵、且向慈禧太后告发光绪皇帝谋划的袁世凯因受到当政者的忌讳，被迫解甲归田，回河南老家休养。但是，野心勃勃的袁世凯不甘心就此退出政坛，他不断联络旧部，以待东山再起。同时，为了防止清政府察知自己的阴谋，进一步加害，他便整天在池边垂钓，一蓑一竿，俨然一个真正的钓鱼翁。

…袁世凯钓鱼像

…现代人在溪中垂钓的情景

清政府了解到这一情况后，果然对他放松了警惕。然而，等到辛亥革命爆发，袁世凯凭借自己在军队中的势力，向清政府漫天要价，并窃取辛亥革命的胜利果实，自封洪宪皇帝。不过，悖入者悖出，骗来的东西毕竟很难保住，因此，袁世凯最终病死在全国性的讨袁怒潮中，落了个身败名裂的下场。

到今天，垂钓已经成为一项国际性的体育比赛活动，无论是在钓具、钓鱼场所、钓鱼方法等方面，都比古代要先进得多。1952年，国际钓鱼运动联合会成立，开启了国际钓鱼技术锦标赛的序幕。我国也于1983年成立了钓鱼协会。现代钓鱼比赛的方法有两种，一种是比谁钓的鱼多，一种是比谁的钓鱼钩掷得远。举办钓鱼比赛，当然有利于钓鱼运动的推广与普及，只是与古人那种“万事无心一钓竿”的境界就相去甚远了。

六、拔河

◎拔河是一项群众性的体育活动。具体做法是：以一条又粗又长的绳索为比赛器具，把绳索拉直后，在位于绳索中间的地面上画两条平行的直线，以示河界；把参加比赛的人群分为两组，每组各执绳的一端，一声令下，双方用力把对方拉向自己的方向，被迫越过河界者为输方。因此，所谓拔河，当是指一种以“河”为界的牵拉活动。

拔河在中国有悠久的历史。早在春秋战国时期，就有拔河这项活动，不过在那时不叫拔河，而称为钩强或牵钩。而且，牵钩的目的，也不是简单地为了比输赢，而主要是用于军事训练。据史书记载，春秋时期，楚吴两国水军常常交战。水军交战时，需用钩子把对方的船只拖住，然后进行搏杀；而要把对方的船只拖住，就需要军人有很大的力气。楚国为了训练水军士兵的气力，便仿照江河中为船只拉纤的做法，准备一条粗大的竹索，把军士分为两队，让他们各拉竹索的一端，互相较力。之后，这种用于军事训练的活动渐渐向民间普及，并被赋予禳灾祈福等特殊的含义。据《隋书·地理志下》载：“又有牵钩之戏，云从讲武所出。楚将伐吴，以为教战，流迁不改，习以相传。钩初发动，皆有鼓节，群噪歌谣，振惊远近。俗云以此厌胜，用致丰穰。”

到了唐代，始有拔河之名，而且拔河已经开始成为一种在社会上广泛流行的体育运动。不仅普通百姓要

…清代吴友如等绘《点石斋画报》中的拖钩雅戏图，该图的说明中称：“荆楚本有拖钩之戏，其事失传已久。”此处所说的拖钩亦即牵钩

在每年的农历正月十五举行盛大的拔河活动，以祈丰年，朝廷中的大臣，以至后宫中的宫女，都参与到了拔河的行列中来。唐代的玄宗皇帝不仅经常组织拔河活动，甚至还专门写过一首名为《观拔河俗戏》的诗，诗中写道：“壮徒恒鼓勇，拔拒抵长河。欲练英雄志，须明胜负多。”

有趣的是，正如现代人常常通过体育比赛展示各自的国力，在唐代举行的拔河比赛中，有的也与显示国威有关。据《唐语林》载，唐开元年间(713－741年)，唐玄宗曾组织了一次有上千人参加的拔河比赛，并邀请各国使节前来观看。比赛开始后，鼓声震天，喧声雷动，使各国使节莫不震骇变色。大臣张说曾用“长绳系日住，贯索挽河流”的诗句来描绘此次千人拔河的盛况。关于唐玄宗组织此次拔河的目的，进士薛胜在《拔河赋》中一语道破天机：“皇帝大夸胡人，以八方平泰，百戏繁会，令壮士千人为两队，名曰拔河于内，实耀武于外。”而且，据说唐玄宗也确实达到了预期的目的，因为其中有一位外交官当场就惊吓得把筷子掉到了地上，并且说：大唐如此强盛，恐怕我的国家不久就要灭亡了。

由于拔河活动具有广泛的参与性，且有益于弘扬团队精神，因此，这项活动在历史上一直长盛不衰。而且，即使到今天，一些单位、集体在春秋天风和日丽之际，亦常常会组织拔河比赛。

值得一提的是，不仅中国人喜爱拔河活动，世界各地的人们，也对拔河活动有浓厚的兴趣。如英国、意大利、瑞士等国，都把拔河作为全国性的比赛项目。在1900－1920年的几届奥运会上，拔河曾一度成为正式比赛项目。1958年，英国和瑞典发起成立了国际拔河联合会。自1979年开始，世界拔河锦标赛正式举办，并规定每两年举行一次。目前，国际拔河联合会正在为让拔河重返奥运会作不懈的努力。

七、放风筝

◎风筝原名纸鸢（yuān）、纸鹞，意即一种用纸扎成的能像鸟一样在天空飞翔的东西。风筝之名始于唐代，因为当时有人在纸鸢上绑上一个竹制的哨子，当纸鸢飞上天空时，风进入哨子，发出了像弹筝一样的声音，故称之为风筝。

…明人徐渭的《山水花卉人物图》中的放风筝图

1．风筝在军事上的运用

风筝源于春秋时期，据称是巧匠鲁班发明的。如《墨子·鲁问》中说："公输子削竹木以为鹊，成而飞之，三日不下。"不过，鲁班制作风筝的目的不是为了放着玩，而是用于军事侦察，据说鲁班就曾乘着他自己制作的这个风筝，飞临宋国的城池，为攻打宋城作准备。当然，所谓风筝上能乘人的说法，只不过是一种传说而已。

有许多历史资料证明，至少在唐朝以前，人们并未把放风筝作为一种娱乐活动，而主要是把它用于军事。据《诚斋杂记》载，汉朝的大将韩信曾两次把风筝用于军事目的：一次是在与项羽的战争中，当时项羽的军队被围困在垓下，韩信为了涣散楚军的斗志，便用牛皮制作成风筝，让擅长奏曲者坐在上面，风筝飞临楚军上空后，奏曲者奏起楚曲，使楚军因思念家乡而无心恋战(有一种说法认为，那位吹箫作楚歌者即刘邦手下的著名谋士张良)；一次是在汉朝建立后，韩信与陈豨(xī)

……民间绘画《张良吹箫破楚兵》，图中上方乘在风筝上的人即是张良

密谋叛乱，他让风筝飞过未央宫，以丈量未央宫的大小尺寸，为他挖隧道进入未央宫提供数据。另据《南史·侯景传》，梁武帝时，侯景作乱，围困京城。为了召集勤王部队，梁武帝命人制作风筝，把求援诏书绑在风筝上放出去。

2. 风行千年的风筝之戏

从唐朝开始，放风筝才演变成一种主要由儿童参与的娱乐活动。关于唐代放风筝活动的情况，唐采在《纸鸢赋》中有这样的描绘："代有游童，乐事末工，饰素纸以成鸟，象飞鸢之戾空，野鹄（hū）来迁而伴飞，都人相视而指看。"另外，唐代还出现了不少专门歌咏放风筝的诗，如元稹的《有鸟》诗中有"有鸟有鸟群纸鸢，因风假势童子牵"之句，路延德的《小儿诗五十韵》中有"折竹装泥燕，添丝放纸鸢"之句，高骈的《风筝》诗中说："夜静弦声响碧空，宫商信任往来风。依稀似由才堪听，又被风吹别调中。"等等。

…宋代苏汉臣的《百子嬉春图》

宋代的放风筝活动比唐代还要盛行，当时，不仅儿童放风筝，成人也参与其中。而且，还出现了专门制作风筝的手工作坊。宋时的放风筝活动，从元宵节开始，一直持续到清明节，可见其活动之盛。在宋代绘画《百子嬉春图》中，就有对当时儿童放风筝活动的描绘。关于宋时放风筝

……杨柳青年画《十美图·放风筝》

的情形，高鼎在《村居》一诗中有这样的描写："草长莺飞二月天，拂堤杨柳醉春烟。儿童散学归来早，忙趁东风放纸鸢。"宋代宰相寇准专门作有一首名为《纸鸢》的诗，诗中写道："碧落秋方静，腾空力尚微，清风如可托，终共白云飞。"

在宋代，人们还发明了一种放风筝的特殊玩法，就是当不同的风筝在天空中飘飞时，有意让它们缠绕在一起，然后看谁的风筝线被绞断，谁就是输家。对此，南宋周密的《武林旧事·西湖游幸》中有这样的记载："既而小泊断桥，千舫骈集，歌管喧奏，粉黛罗列，最为繁盛。桥上少年郎竞纵纸鸢以相勾引，相牵翦截，以线绝者为负。此虽小技，亦有专门。"这种玩法，在清代也仍然流行。我们来看一看《红楼梦》第七十回中与此相关的一段描写："探春正要剪自己的凤凰，见天上

謝過而女郎猶雙眉直豎柳眼圓睜大斥狂奴無禮旁人聞而觀者甚衆飛短流長議論不一幸經和事者竭力排解女郎始隨嫗悻悻以去迨俯視飛鷹已早從樹外翩翩墮水中矣少年遂掃興而歸

良心

…清代吴友如等绘的《点石斋画报》中描绘的清人在清明节扫墓时放风筝的情形

…《北京民间风俗百图》中的放风筝图

也有一个凤凰，因道：‘这也不知是谁家的。’众人皆笑说：‘且别剪你的，看他倒像要来绞的样儿。’说着，只见那凤凰渐逼近来，遂与这凤凰绞在一处。众人方要往下收线，那一家也要收线，正不开交，又见一个门扇大的玲珑喜字带响鞭，在半天如钟鸣一般，也逼近来。众人笑道：‘这一个也来绞了。且别收，让他三个绞在一处倒有趣呢。’说着，那喜字果然与这两个凤凰绞在一处。三下齐收乱顿，谁知线都断了，那三个风筝飘飘摇摇都去了。”

明清时期，放风筝活动更为普及，据清代潘荣陛的《帝京岁时纪胜》中载，当时人们放风筝多集中在清明节前后，尤其是在清明节时，人们往往趁扫墓之际，进行风筝比赛：“清明扫墓，倾城男女，纷出四郊，担酌挈盒，轮毂相望。各携纸鸢线轴，祭扫毕，即于坟前施放较胜。”因此，当时的人们又把清明节称为“风筝节”。而且，随着放风筝活动的普及，还渐渐形成了北京、天津和山东潍坊三大风筝产地。当时，不仅风筝样式丰富多彩，风筝制作的数量也极多。据有关资料记载，在清乾嘉年间，光山东杨家埠一带制作的风筝就达上百个品种，而且年产风筝 20 万只，由此可见当时放风筝盛况之一斑。

叙述至此，人们或许会发出这样的疑问：放风筝是一种既简单又单调的活动，为什么会盛行数千年而不衰呢？对此，我认为主要有这样几个方面的原因。

一是放风筝有利于强身健体。因为放风筝多在春秋气候宜人的时候在空旷的场所进行，清新的空气，轻快的奔跑，不断反复的抬头观望，无疑会促进身体的健康。如在《续博物志》一书中，就有放风筝有利于小儿泄内热的说法：“春日放鸢，引丝而上，令小儿张口而视，可以泄内热。”

二是流传很广的认为可以通过放风筝除去晦气和病痛的观念。这种观念认为，当把风筝放到高空后，再把风筝线剪断，让风筝飘摇而去，就可以把身上的晦气、病痛、灾祸统统放走。虽然不知此种观念起于何时，但它的流传范围极广，则是无疑的。在小说《红楼梦》中，就有关于通过放风筝放晦气的描写：“李纨道：‘放风筝图的是这一乐，所以又说放晦气，你（指黛玉）更该多放些，把你这病根儿都带了去就好了。’紫鹃笑道：‘我们姑娘越发小气了。那一年不放几个子，今忽然又心疼了。姑娘不放，等我放。’说着便向雪雁手中接过一把西洋小银剪子来，齐籰(yuē)子根下寸丝不留，咯登一声铰断，笑道：‘这一去把病根儿可都带了去了。’”

……描绘放风筝内容的民间绘画《春风得意》

···山东潍坊风筝节即景

三是放风筝看似简单，其实是有很多讲究的。因为从广义上说，放风筝包括扎、糊、绘、放四个程序。扎即扎风筝架子，它要求把风筝架子扎得对称，左右分量相等，这样扎成的风筝才能平稳地飘飞空中；糊即把纸糊在风筝架子上，它要求表面平整，干净利落；绘即往风筝上绘画，因为风筝上可以根据需要绘出鱼、鸟、龙、凤等种种形状，它既要求绘画美观，又要求风筝高飘空中时，地上的人仍能看清图案；放即放风筝，什么时候该提线，什么时候该放线，都要根据风筝吃风的状况灵活掌握。放风筝活动的这些讲究，无疑也会引起人们很大的兴趣。

正因为放风筝能给人带来诸多好处，且又有种种讲究，所以才使这项活动能流传到今天。而且，有趣的是，不仅中国人爱放风筝，世界上有不少国家如美国、日本、英国也都盛行放风筝活动。1989 年，国际风筝联合会在山东潍坊成立，会上决定每年举办一次国际风筝会，此后，便有越来越多的国家参加到这一盛会中来。

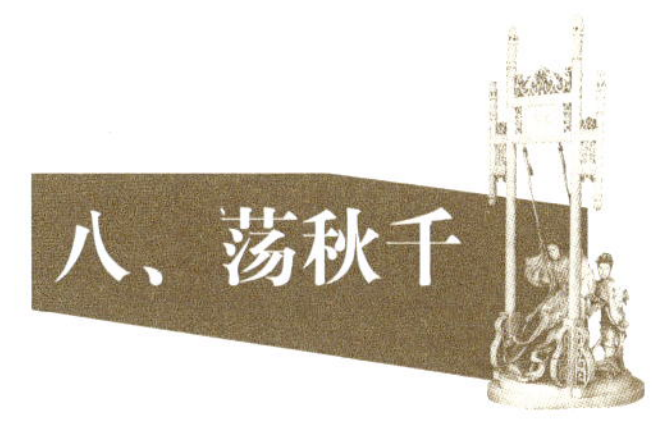

八、荡秋千

◎荡秋千是一项人人熟悉的体育娱乐运动。在高高的呈门框形的架子上，系上两条结实的绳索或彩带，在绳或带的下端再系上一块横木板，一副秋千架子就制成了。人们置身于横木板上，让身子与横木板一起飘荡起来，并随着惯性往返起落，便可享受荡秋千带来的乐趣。

1．长盛不衰的秋千运动

清代周鲲等绘的《汉宫春晓图》，描绘了汉代宫女正在荡秋千的情形

秋千是何时产生的，又为什么称之为秋千呢？对

此，迄今尚无确切的说法。不过，人们常常引用《古今艺术图》和《缃（xiāng）素杂记》中的记述来说明秋千的起源和秋千之名的来历。据《古今艺术图》称，秋千起源于春秋时期一个名叫山戎的少数民族：“秋千，北方山戎之戏，以习轻趫（qiáo）者。齐桓公伐山戎，始传入中国。”《缃素杂记》中则认为秋千源于汉武帝时，原名“千秋”，寓祝寿之意，后才被误为秋千：“秋千，汉武帝后庭之戏也，本云千秋，祝寿之词也，语讹传为秋千。”唐代的高无际在《汉武帝后庭秋千赋》的序中也支持这种说法：“秋千者，千秋也，汉武祈千秋之寿，故后宫多秋千之乐。”

因为缺乏更进一步的证据，上述说法只能作为我

…清人陈枚绘制的《月曼清游图》(局部)，描绘了一群正在荡秋千的古代仕女

们了解秋千起源的某种参考。但确凿无疑的一点是，自汉武帝时期开始，秋千就已经成为一种深受宫中女子喜爱的娱乐健身活动。

如果说荡秋千在汉武帝时主要是后宫女子参与的一项活动，那么，到了魏晋南北朝以后，此项活动便已经由宫中向民间普及。到了唐朝，荡秋千则成了最受女子喜爱的一项娱乐活动。诗人杜甫在《清明二首》中写道："十年蹴鞠将雏远，万里秋千习俗同。"同时代的王维也有"蹴鞠屡过飞鸟上，秋千竞出垂杨里"的诗句。

自唐以后的各个朝代，秋千运动一直在社会上流行，长盛不衰。而且，有趣的是，据《析津志》记载，在元朝时，女子们爱好秋千，几乎到了"玩物丧志"的地步："上自内苑，中至宰相，下至士庶，俱立秋千架，日以嬉游为乐，女红之事殆庶几矣。"

2. 秋千架上竞风流

在中国历史上，荡秋千主要是一项女子运动，男子参与者极少。中国古代女子之所以热衷于荡秋千，与她们的处境有极为密切的关系。因为根据封建礼教的有关规定，后宫女子以及官宦或富贵人家的女子，轻易是不能外出的，她们长期被关拘在寂寞的后宫或闺阁中，

…描绘女子荡秋千的四季仕女图，选自《中国传世名画》

因此，渴望有一种能排遣她们心头抑郁与烦闷的运动，而荡秋千时的热闹、刺激和放松恰好满足了她们的这种需要，所以，女子们酷爱荡秋千，是顺理成章之事。

由于荡秋千是一项女子运动，女子们天生的柔美，又给荡秋千带来了特有的美感。因此，女子荡秋千也成了风流男子极爱观赏的一项活动。如据《开元天宝遗事》记载，每至寒食节，唐玄宗必会组织宫女们举行荡秋千比赛，眼看着彩娥飘舞，耳闻着娇声婉转，唐玄宗不觉心醉神迷，情不自禁地把女子荡秋千称为“半仙之戏”。此外，历代文人对女子荡秋千的歌咏之词也不胜枚举。其中较具代表性的，有白居易的《和春深》中的

…清代焦秉贞绘制的《仕女图》中众仕女荡秋千的情形

…明代《三才图会》中的秋千图

…明刊本《金瓶梅》中描绘吴月娘与众女子荡秋千的插图

诗句："秋千细腰女，摇曳逐风斜"；有宋代女词人李清照在《点绛唇》中的词句："蹴罢秋千，起来慵整纤纤手。露浓花瘦，薄汗轻衣透"；还有南宋俞国宝的《风入松》词："红杏香中歌舞，绿杨影里秋千；东风十里丽人天，花压鬓云偏。"不过，在众多歌咏荡秋千的诗词中，最有名的，还数唐代王建的《秋千词》，词中写道："长长丝绳紫复碧，袅袅横枝高百尺。少年儿女重秋千，盘中结带分两边。身轻裙薄易生动，双手向空如鸟翼。下来立定重系衣，复畏斜风高不得。"把少年女子在荡秋千时的神态描绘得淋漓尽致。

由于人们喜爱荡秋千，便很自然地发明了种种秋千的玩法。一种是比赛谁荡得高。人们或在高处系上花、铃等物，看谁在荡秋千时能碰到这些花或铃；或在秋千横板下系上一根用来量高度的绳子，看谁在秋千

···元代王振鹏绘制的《龙池竞渡图》中对荡水秋千的描绘，见该图的左侧上方

荡起时能把这根绳子彻底带离地面。一种是比谁荡的花样多。一些荡秋千的高手，能在秋千远离地面时，做出金鸡独立、翻身转体等各种高难度的动作，对此，《万松阁记·客言》中说："北地有秋千，士女乘之，以习便捷，曰三花五击，鸾戾仙飘，皆其名也。"而在宋朝时，人们甚至发明了一种名为水秋千的游戏，与现代的跳水颇有些类似，《东京梦华录》中对它有这样的描述："两画船上立秋千，船尾百戏人上竿，左右军院虞侯监教鼓笛相，又一人上蹴秋千，将平架，筋斗掷身入水，谓之水秋千。"

直至今天，喜爱荡秋千的仍大有人在，因此，荡秋千是中国传统体育中较具代表性的古今之人都爱参与的一项运动。目前，荡秋千是我国少数民族体育运动会上的正式比赛项目，该项目只限女子参加，主要是比谁荡得高、荡得快。

九、捉迷藏

◎捉迷藏是一种游戏活动，又称藏猫儿、摸盲盲。捉迷藏通常在一定的场地内进行，由一人蒙目，另一人或众人躲藏；蒙目者伸出双手，四处抓躲藏的人，若躲藏的人被抓住，蒙目者即获胜，可除去蒙在眼上的布，加入躲藏者的行列，而被抓住的那个人则被罚做蒙目者。

捉迷藏时，因蒙目者眼睛看不见东西，常常会做出各种可笑的动作，从而引得躲藏者嬉笑不已；有的甚至故意上前逗引蒙目者，使场面既热闹，又充满刺激。因此，捉迷藏虽是一种游戏，但因有一定的运动量，且能愉悦身心，故也能起到很好的锻炼身体的作用。

关于捉迷藏的最早记述见于唐代。据《致虚阁杂俎》记载，唐玄宗曾与杨贵妃玩过捉迷藏的游戏："唐明皇与玉真于月下以锦帕裹目，在方丈之间，互相捉戏，谓之捉迷藏。"唐朝诗人元稹在名为《杂事》的诗中也提到自己曾玩过捉迷藏的游戏："寒轻夜浅绕回廊，不辨花丛暗辨香。忆得双文笼月下，小楼前后捉迷藏。"

在唐以后的各个朝代，捉迷藏活动一直盛行不衰。不过，因为考虑到生理上的一些原因，捉迷藏基本上属于一种儿童游戏，成人参与者较少。历史上著名的"司马光砸缸"的故事，就发生在一次众小儿捉迷藏的活动中。司马光是宋代著名的文人，《资治通鉴》的作者。在司马光小的时候，一次，与几个孩子玩捉迷藏游戏。其中有一个孩子为了躲避蒙目者，不慎落入一口装满水的大缸里。眼看着这个孩子在缸里呼救，众孩子一筹莫展，都急得哭了起来。这时，只见司马光搬来一块大石头，用力向缸砸去。缸被砸开了一个大口子，缸里的水都流了出来，这个孩子也得救了。自此，小小的司马光便有了神童的美誉。

时至今日，捉迷藏活动仍在各地流行，但参与者还是以儿童为主。

…《婴戏图》，选自《中华民间美术·年画卷》，图中描绘了一群正在捉迷藏的孩童

…绘于清末民初的《童子闹学图》，其中有几个孩子正在捉迷藏

十、跳百索

◎跳百索即跳绳，它是一人或众人在一根环摆的绳中做各种跳跃动作的运动。关于跳百索之名的来历，明代的沈榜在《宛署杂记·民俗》中称，那是因为绳子做环摆时，让人眼花缭乱，仿佛有一百根绳子在那里晃动一样：“一绳长丈许，两儿对牵，飞摆不定，令难凝视，似乎百索，其实一也。”

早在宋代高承的《事物纪原》中，就已有对跳百索的记载。高承认为，跳百索源于汉代的一种以朱索装饰门户以辟邪的习俗：“故汉五月五日，以朱索五色即为门户饰，以难止恶气。今有百索，即朱索之遗也。”跳百索在明清时即已盛行，如《宛署杂记》中说：“（正月）十六日，儿以一绳长丈许，两儿对牵，飞摆不定……群儿乘其动时轮跳其上，以能过者为胜。否则为索所绊，听掌绳者绳击以罚。”清代的《松风阁诗钞》对当时的跳绳活动有这样的描绘：“太平鼓，声咚咚，白光如轮舞索童。一童舞索一童唱，一童跳入光轮中。”

…清代《吴友如画宝》中的跳绳图

跳绳的动作很简单，只要跳绳者用单脚或双脚起跳，不被绳子绊住，也不用脚把绳子踩住即可。跳绳有跳短绳和跳长绳之分。跳短绳是跳绳者自己持绳作环摆，然后自己跳动，也可带一人至数人同时跳动。跳长绳是由两人持一长绳作环摆，一人或多人在其上跳动。跳绳时可做出各种技巧动作，也可以进行跳绳比赛。跳绳比赛主要有两种方式，一种是比谁跳的次数多，一种是边跳边跑步，看谁先到终点。跳绳活动简便易行，且有利于训练身体的灵敏度和协调性，因此极受人们欢迎。

第十一章 节日活动

重阳登高
踏青
耍龙灯
舞狮子
扭秧歌
跑旱船
踩高跷
鞭春
斗牛
踏歌
耍幡

一、重阳登高

◎重阳即重阳节，它指的是农历每年的九月初九。因为《易经》中称九为最大的阳数，故九月初九有重阳之名。重阳登高即指在重阳节这一天去登山。

1．重阳登高活动的起源

重阳登高有十分悠久的历史，据东晋葛洪的《西京杂记》载，早在汉高祖刘邦时，就有重阳登高的做法：“三月上巳，九月重阳，士女游戏，就此祓禊、登高。”并称在重阳节这一天，人们不仅会去登高，还会“佩茱萸，食蓬饵，饮菊花酒”。那么，为什么把重阳节登山称为登高呢？据北宋宋敏求的《长安志》记载，汉朝以长安为京城，在长安的附近有一个小高台，每到重阳节，人们便会纷纷登上小高台，欣赏秋天的美景，因为所登的山为小高台，故有“登高”之说。

…清代宫廷画家绘制的《雍正帝十二月令行乐图》中的九月登高图（局部）

上述资料告诉了我们重阳登高的起始和来历，但是，似乎有两个十分重要的问题无法从上述资料中找到答案：一是为什么要在重阳节这一天登高，而不选择别的时候？因为一年中适合登山的时候是很多的；二是为什么要在重阳节这一天“佩茱萸”、“饮菊花酒”？

南朝梁时吴均的《续齐谐记》中有一则故事似乎能解开上述两个疑问。据这则故事称，东汉时，汝南人桓景跟随方士费长房学道术。一天，费长房告诉桓景：重阳节这一天，你家将有大灾，要想躲过此劫，只有一个办法，就是你们全家人都爬到一座高山上，手臂上系上绛色的袋子，袋子里面装上茱萸，到了山上后，还要饮菊花酒。桓景对费长房很信任，便一一照办了。到了晚上，他们全家人下山回到家里，这时，他们发现家里的鸡、狗、猪等家畜全都死了。费长房告诉桓景，这是因为你们听从了我的建议，所以由这些牲畜代你们去死了。因为听说重阳节登高、佩茱萸、饮菊花酒有如此神奇的功效，所以此后，重阳登高便成为一种习俗流行开来。

上述故事虽然十分“合理”地解决了为什么要在重阳节登高、登高时为什么要佩茱萸、饮菊花酒的问题，但是，故事本身的神秘主义性质，使它的可信度大大降低了。而且，因为上述故事发生的时间是在东汉，它与在西汉时就已流行重阳登高的事实发生了矛盾。

因此，关于重阳登高起源的追溯只能以存疑告止。不过，它丝毫也不会影响重阳登高作为中国历史上的一项重要活动，在社会生活中发生的巨大影响以及对增强人们的体质、陶冶人们的情操、丰富人们的生活所起的重要作用。

…《仙佛奇踪》一书中的费长房与仙人壶公像，左立者为费长房

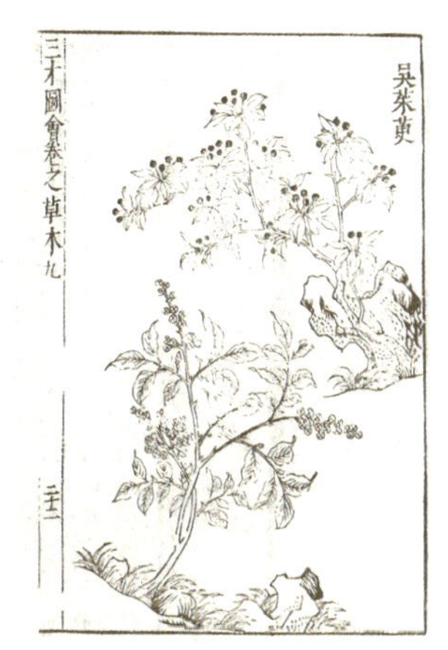

…茱萸分为山茱萸、吴茱萸、食茱萸三种，图为《三才图会》中绘制的吴茱萸

2. 丰富多彩的重阳登高活动

根据确凿的史料，自魏晋开始，重阳登高已是深受人们喜爱的一项活动。据《晋书》载，东晋大将桓温曾于重阳节率领他的众多幕僚前往龙山登高宴饮。宗懔的《荆楚岁时记》也称：魏晋南北朝时，每到重阳节，士农工商等各行各业的人都会参加登高活动。到了唐代，重阳登高之习更为流行。据史书载，唐中宗曾于重阳节率群臣登高饮酒，并赋诗。唐代名医孙思邈则明确把重阳登高看成一项有益身心的活动，他在《千金要方·月令》中说："重阳之日，必以肴酒，登高远眺，为时宴之游赏，以畅秋志。酒必采茱萸、甘菊以泛之，既醉而归。"

到了宋元明清时期，重阳登高之习仍盛行不衰。如在宋代，人们不仅在重阳登高时佩茱萸，饮菊花酒，还要吃花糕，以象征步步升高。至于明代的重阳登高活动，我们可以从明人申时行的《吴山行》一诗中略窥一斑："九月九日风色嘉，吴山胜事俗相夸。阖闾城中十万户，争门出郭纷如麻。拍手齐歌太平曲，满头争插茱萸花。"之所以称"满头争插茱萸花"，是因为从唐代开始，已把臂佩茱萸之习改为头插茱萸。清代的重阳登高活动一点也不比前朝逊色。以北京为例，据清人富察敦崇的《燕京岁时记》说，北京人在重阳节时，皆"提壶携榼(kē)，出郭登高。南则在天宁寺、陶然亭、龙爪槐等处，北则蓟门烟树、清净化城等处，远则西山

…绘于清代的《重阳登高图》

八刹等处”。

中国历史上的重阳登高活动也给我们留下了不少佳话和脍炙人口的诗文。据说东晋的陶渊明辞官回家后，因家贫，到了重阳节时，无钱买酒，他对此颇感惆怅。江州刺史王弘得知此事后，便派了一名白衣使者，给他送去了酒。为此，唐初诗人王勃专门写了一首名为《九日》的诗反映此事：“九日重阳节，开门有菊花，不知来送酒，若个是陶家。”流传千古的《滕王阁序》，也是王勃在重阳节这一天写出来的。当时，洪州都督在滕王阁大宴宾客，并请诸客为滕王阁作序，本意是想炫耀其女婿的文才，没想到途经此处的王勃即兴作序，使满座皆惊，而序中的“落霞与孤鹜齐飞，秋水共长天一色”之句，正是对重阳节秋景的最为形象、又最恰到好处的描绘。

清人石涛绘制的《重九登高图》

至于与重阳登高活动相关的诗文，最具代表性的似乎都产生在唐代。如王维的《九月九日忆山东兄弟》：“独在异乡为异客，每逢佳节倍思亲。遥知兄弟登高处，遍插茱萸少一人。”李白的《九日登巴陵置酒望洞庭水军》：“九日天气清，登高无秋云。造化辟山岳，了然楚汉分。”杜甫的《九日蓝田崔氏庄》：“老去悲秋强自宽，兴来今日尽君欢。羞将短发还吹帽，笑倩旁人为正冠。蓝水远从千涧落，玉山高并两峰寒。明年此会知谁健，醉把茱萸仔细看。”等等。

把一项简单的登山活动，与哲学思想、神话传说、饮食习惯相结合，并由此产生了瑰丽多姿的文学艺术，给人们的日常生活增添了丰富多彩的内容，这正是重阳登高活动的魅力所在。也许正是基于此，自20世纪80年代开始，重阳节被正式命名为“老人节”、“登山节”，重阳登高活动在全国各地隆重地推广开来，使它在新的历史时期继续发挥着传承文明、有益当世的功能。

二、踏青

◎踏青的本义指踩踏青草，后引申指一种在春天时外出游赏大自然美景的活动。

…描绘春天踏青内容的民间绘画《游春仕女图》

1．先秦时期的踏青活动

踏青活动在中国由来已久。当经历了冬天的肃杀和萧条，终于盼到春天来临，漫山遍野又是绿草茵茵、鸟语花香时，谁都会产生一种走出家门、投身大自然怀抱的冲动。据史料记载，早在先秦时期，青年男女就会趁着明媚的春光，在野外幽会、交合，而且这种行为还得到社会舆论的认可。如《周礼·地官·媒氏》中说："中春之月，令会男女。于是时也，奔者不禁。"这里的"奔"，就是指男女的私下结合。而在《诗经·郑风·溱（zhēn）洧（wěi）》中，则对当时的这种习俗有形象的描绘："溱与洧，方涣涣兮；士与女，方秉蕑(jiān)兮。女曰观乎？士曰既且，且往观乎。洧之外，洵訏(xū)且乐。维士与女，伊其相谑，赠之以勺药。"有的学者认为，这里的"观"，即寓男女私合之意；而所谓的"既且"，是指已经与人私合。

2．充满浪漫色彩的唐人踏青

如果说先秦时期的踏青活动尚包含一些青年男女野合之类的特殊含义，那么，自秦汉时起，踏青已变成了一种群体性的游春赏春活动。据史载，西汉时，汉武帝曾在清明节于曲江赐宴群臣，引得满城人士都到曲江边观赏。隋朝时，著名画家展子虔绘《游春图》，对明媚的春光及人们成群结队游春的情景有形象的描绘。

不过，在中国历史上，踏青最为盛行的，还是在唐宋时期。据史载，唐代从农历正月十五至清明节的近两个月时间里，一直有人热衷于踏青。如据《开元天宝遗事》载："都人士女，每至正月半，各乘车跨马，供帐

于园圃或郊野中，为探春之宴。”正月十五时，青草或许刚冒出小芽，然而性急的城里人就开始了“探春”活动。另据《旧唐书》，唐代宗曾在农历二月初二前往郊外踏青：“大历二年二月壬午，(代宗) 幸昆明池踏青。”

…隋代展子虔绘制的《游春图》

不过，唐代踏青最热闹的时间，还是在清明节即农历三月初三，如《秦中岁时记》云：“唐上巳日，赐宴曲江，都人于江头禊（xì）饮，践踏青草，谓之践青履。”上巳日即三月初三。杜甫在《丽人行》中也说：“三月三日天气新，长安水边多丽人。”

古代礼教森严，大家闺秀多深居闺阁，平时禁止抛头露面，而在春天踏青时，她们则被允许成群结队外出，青年子弟也得以趁此饱览秀色，因此，唐代的踏青活动往往充满了浪漫色彩。据《开元天宝遗事》载，长安仕女在踏青时，每当遇到好看的花木，便会傍着它坐下来宴饮，在四周挂上红裙，以防人偷窥：“长安仕女，游春野步，遇名花则设席藉草，以红裙递相插挂，以为宴幄。”把穿在身上的红裙脱下来以作帷幄，这无疑更能激发人的遐想。而许多浪漫的恋情也往往在踏青活动中萌发，韩偓的《踏青》一诗对此有很形象的描绘：“踏青会散欲归时，金车久立频催上。收裙整鬐故迟迟，两点深心各惆怅。”虽然在踏青时男女之间互相有意，

但是等到踏青结束，男女双方又会天各一方，或许从此永无相见之日，面对此情此景，“两点深心”能不惆怅吗？

而据《唐诗纪事》载，唐德宗时，风流才子崔护正是在春天踏青之时，遇到了一件让他惆怅终生的事。当时，崔护独自踏青至长安南庄，看到有一处庄园花木繁茂。崔护因口渴，便上前敲门求水。良久，有一绝色女子前来开门，听说崔护的来意后，便为他端来一杯水，然后自己倚着门户等候。崔护主动与她搭话，她却含羞不语。崔护临行时，发现此女以含情脉脉的目光相送，似已对他有意。此后，崔护对该女子一直未能忘怀。到了第二年春暖花开，崔护抑制不住内心的思念之情，又专门来到了这处庄园，却发现庄园大门紧锁，已很久无

…唐代张萱的《虢国夫人游春图》（宋摹本）

人在此居住了。崔护惆怅万分，于是，为我们留下了一首读来让人回肠荡气的诗篇："去年今日此门中，人面桃花相映红；人面不知何处去，桃花依旧笑春风。"

3. 清明时节话踏青

宋人对踏青的热衷，一如唐代。周密在《武林旧事》中对杭州人春天踏青的描写颇具代表性："杭人亦无时而不游，而春游特盛焉……都人士女，两堤骈集，几于无置足地。水面画楫栉比如鱼鳞，亦无行舟之路。歌欢箫鼓之声振动远近，其盛可以想见。"偌大的西湖中，竟至"无行舟之路"；长长的西湖岸边，也"几于无置足地"，这种热闹景象，即使在今天，也难得一见。不过，宋代的踏青活动，大多还是集中在清明节。据宋人孟元老的《东京梦华录》载，人们借清明上坟的机会，在郊外踏青聚会，以至"四野如市"："寒食第三日，即清明节矣，凡新坟皆用此日拜扫，都城人出郊……四野如市，往往就芳树之下或园囿之间罗列杯盘，互相劝酬。都城之歌儿舞女，遍满园亭，抵暮而归。"借祭扫死去亲人的机会来享受踏青之乐，寓喜乐于哀痛之后，这反映了中国人一种对待生命的特有的豁达态度。

值得一提的是，宋代有不少著名的诗人曾作诗词描绘当时的踏青活动，如吴唯信在《苏堤清明纪事》中写道："梨花风起正清明，游子寻春半出城，日暮笙歌收拾去，万株杨柳属流莺。"欧阳修在《阮郎归》中也写道："南园春半踏青时，风和闻马嘶；青梅如豆柳如眉，日长蝴蝶飞。"苏辙有一首题名为《踏青》的诗，其中有"江上冰消岸草青，三三五五踏青行"之句。它们都从一个侧面反映了宋代踏青活动的盛况。

明代踏青与宋代一样，主要借清明节扫墓时进行。如明人刘侗在《帝京景物略·高粱桥》中说："岁清明，桃柳当候，岸草遍矣。都人踏青高粱桥。"在明人谢肇淛的《五杂俎》中，也有类似的记载："北人重墓祭，余在山东，每逢寒食，郊外哭声相望，至不忍闻。当时便有善歌者，歌白乐天寒食行，作变徵之声，坐客未有不堕泪者。南人借祭墓为踏青游戏之具，纸钱未灰，舄（xì）履相错，日暮，皤间主客无不颓然醉倒。"

…晚清商业广告中描绘的踏青活动

踏青在今天更多地被称为春游，而且在时间上也不限于清明节，凡春光明媚之日，哪一天都可以去春游踏青。踏青虽以游览赏景为主，但是，它在空气清新的大自然中进行，而且，常常伴以长时间的行走、登高以及各种形式的游乐和比赛活动，这对促进人们的身心健康都是极为有益的。

三、耍龙灯

◎耍龙灯又称跑龙灯、舞龙灯，是中华民族最具民族特色的活动项目之一。龙灯通常以竹篾、绸布和灯为主要制作材料，先用竹篾扎成龙头、龙身、龙尾的形状，再把薄而能透光的绸布罩在竹篾上，然后在绸布上用油彩画出龙须、龙鳞、龙爪。龙灯有长短之分，短的仅3节，长的则可达10多节，不过多为奇数；在每个龙节下都装有木柄，供耍龙灯者手持。最后在每个龙节中点上灯，一条龙灯就制作完成了。

…《百子全图》（局部）中一群正在耍龙灯的儿童，选自《中国美术史·清代卷》

耍龙灯时，由一人手持象征龙珠的彩球在前面跑动，整条龙则随着彩球舞动。耍龙灯有一定的套路，还有不同的名称，诸如猛虎跳涧、文王脱靴、鹭鸶穿莲等等。耍龙灯既是一种力气活，又需要有一定的技巧，其中持球者、耍龙头者和耍龙尾者三者最为关键。因为持球者相当于整个耍龙灯活动的指挥，他必须照应到整条龙的舞动；持龙头者则是整条龙灯的核心，他的动作，影响着整条龙动作的协调；持龙尾者则常常要表演翻滚、腾跃等各种动作，却又看不清前面的动作，因此，他只能依靠平时的训练，照着一定程式去做。

…东汉画像石中的耍龙图

耍龙灯活动起于何时，已不可详考。但是，可以确

…清人黄瑞鹄绘制的舞龙年画

定的一点是，耍龙灯是集龙图腾崇拜、舞龙活动、龙灯观赏于一身而发展起来的一种活动。龙图腾崇拜源于距今四五千年的炎黄时期。舞龙活动则在汉代就开始了，如董仲舒在《春秋繁露》卷十三中就记载了汉代舞龙祈雨之事；在山东沂南出土的东汉画像石中，也有对耍龙活动的完整描绘。观赏龙灯的习俗也有很悠久的历史，在宋代的《梦粱录》中，就有关于节日期间观赏龙灯的描绘："以草缚成龙，用青幕遮草上，密置灯烛万盏，望之蜿蜒如双龙飞走之状。"

在明清时期，已有成熟的耍龙灯表演。耍龙灯表演通常在春节、中秋节等传统佳节举行，届时还伴有焰火表演、耍猴、履索、马戏等百戏项目。关于当时耍龙灯的盛况，《百戏竹枝词·龙灯斗》中有这样的描述："屈曲随人匹练斜，春灯影里动金蛇。烛龙神物传山海，浪说红云露爪牙。"

时至今日，龙灯早已走出国门，尽情耍动在世界各地的华人聚居圈中，成为中华文化的一个显著标志。

……当代的耍龙灯表演

四、舞狮子

◎舞狮子是由人扮演成狮子进行表演的一种活动。舞狮子通常有三个人参与表演，其中两个人演狮子（一人演狮头，一人演狮的身及尾），在两个人的身上罩上与狮皮颜色相同的织物，再以木雕刻或以竹篾编成形象逼真的狮头，由演狮头者手持；另有一人手持彩球或拂尘，引逗狮子做各种动作。每到春节，自初一至十五，中国的大江南北，都会举行各种形式的舞狮子活动，以示庆祝。因此，舞狮子是深受中国人民喜爱的一项活动。

…清代黄瑞鹄绘制的《舞狮图》

1. 百兽之王“闹”中华——中国历史上的舞狮表演

舞狮子在历史上起于何时，已不可确考。不过，中国本无狮子，中国的狮子及关于狮子的形象主要是在汉代开始从印度传入的，因此，可以确定的一点是，在汉以前不可能有舞狮子的活动。从史料记载来看，三国时魏人孟康在对《汉书·礼乐志》关于“象人”作注时说：“若今戏鱼虾狮子者。”由此可知，在三国时期，已经有戏狮的活动。而且，从其注释的内容来看，所戏之狮并非真狮，而是狮子的形象。因此，至少在三国时期，舞狮活动就已经产生了。

…民间绘画《九狮镇宅图》，反映了人们对狮子的推崇

狮子很威猛，加上狮子又来自佛国印度，因此，在古代中国人的心目中，狮子是颇具神奇色彩的。他们认为狮子威武勇猛，不仅象征着力量和勇敢，还能镇妖驱邪，所以把狮子奉为吉祥和平安的化身。这一点，从中国的许多建筑物门前通常都要摆上一对石狮或铜狮的做法中也能得到很好的反映。因此，自从舞狮活动产生的时候起，它便受到民众的欢迎，并一直在历史上盛行不衰。

唐代的舞狮子活动十分流行，当时，在宫廷中有一种名为“五方狮子舞”的演出，参演人数达100多人，其中有10人扮演成5头颜色各不相同的狮子，由10人手持红拂逗引狮子，另外还有140人的伴唱队伍，可见其规模之庞大。关于唐代舞狮的状况，元稹在《西凉伎》一诗中

有“狮子摇光毛彩竖，胡腾醉舞筋骨柔”之句，白居易的《西凉伎》中则有更充分的描绘：“西凉伎，西凉伎，假面胡人假狮子。刻木为头丝作尾，金镀眼睛银贴齿。奋迅毛衣摆双耳，如从流沙来万里。”

···唐代的舞狮俑

唐代以后舞狮子活动的状况，可以从不同时期的诸多笔记、诗文、绘画中得到反映：宋代孟元老的《东京梦华录》和吴自牧的《梦粱录》中，都有关于“狮子会”的记述；在南宋苏汉臣所绘的《百子嬉春图》中，则有小儿舞狮子的内容；在《续文献通考》中，有“明孝宗弘治三年秋，召各番使入内看戏狮子”的记述，反映了明代宫廷中仍有舞狮子的演出……至清代，舞狮活动仍十分热闹，而且表现形式更为丰富。如在一幅名为《走会》的清代绘画中，描绘了两只大狮子带着一只小狮子共同进行表演的场面。关于清人舞狮的热闹场景，《成都竹枝词》中有这样的描绘：“巧制狻（suān）猊（ní）不用灯，布围高挂任纵横。十番锣鼓真热闹，看到更深更有情。”清人李声振的《百戏竹枝词》则描绘了舞狮表演时因表演者模仿狮子动作的逼真而对观众心理造成的震撼：“毛羽狻猊碧间金，绣球落处舞嶙峋。方山寄语休心悸，皮相原来不吼人。”

2．南狮与北狮——舞狮表演的地域特色

舞狮子活动因地域的不同而有南狮与北狮之分，它们在制作狮子的材料、方式以及表演手法上均不相

…宋人苏汉臣绘制的《百子嬉春图》(局部)，下方为儿童举行舞狮表演的情形

同。南狮即在南方表演的狮子舞，它通常用竹篾制成狮头，再在狮头上装上玻璃等饰物，较为华丽；具体表演动作和技巧有抖毛、洗耳、朝拜、上楼台、滚球等，表演时动作柔和、细腻，主要表现狮子的活泼可爱和风趣诙谐，因此南狮也被称为“文狮”。北狮是指在北方表演的狮子舞，狮头用木头雕成，重达数十斤，最重的甚至可达九十多斤，因此，它对舞狮者的体力有较高的要求；北狮在表演时讲究跳跃、翻滚等有难度的动作，主要表现狮子的威猛、迅捷，具体表演动作和技巧有跌扑、翻腾、直立、滚绣球、走梅花桩等，因此，北狮也被称为“武狮”。不过，南狮与北狮的这种区分并不是绝对的，它们往往互相吸收对方的长处，因此，在许多动作设计上，常常是文中有武、武中有文。

因为舞狮子活动有驱邪求吉的寓意，加上舞狮子表演惊险、刺激，场面热烈，因此，即使在今天，每逢传统佳节，舞狮子仍是不可或缺的表演项目。而且，从20世纪90年代开始，还出现了各种形式的舞狮大赛，诸如全国醒狮大赛、国际狮王赛、国际龙狮赛、国际醒狮赛等等，极大地推动了舞狮活动的发展。

…清代庭呱等绘的《舞狮图》

五、扭秧歌

◎扭秧歌是一种按照一定的节拍扭动身体的运动形式，通常是通过腰臀的左扭右摆，带动脚步作有节奏的移动，进一步，退半步，充分展示身体的律动。

扭秧歌在我国已有1000多年的历史，据清代吴锡麒的《新年杂咏抄》载，扭秧歌源于南宋时期，主要在元宵节时表演，以体现乡村的庆祝年节之乐："秧歌，南宋灯宵之村田乐也。所扮有耍和尚、耍公子、打灯鼓、拉花姊、田公、渔妇、装态货郎、杂沓灯术，以得观者之笑。"可见，秧歌在它产生的时候，就是一种内容比较庞杂的表演活动。

至清代，秧歌表演在各地都很盛行，如清人王锡麟在《陕南巡视目录》中称："田间农民有系彩于首扮戏装者，歌唱舞蹈，金鼓喧闹，盖为秧歌助兴，俗名大秧歌本此。"另在《柳边纪略》中也说："上元夜，好事者辄扮秧歌……旁以锣鼓和之，舞毕乃歌，歌毕更舞，达旦乃已。"清人柯煜有一首《竹枝词》，专咏清代秧歌表演时的热闹场面："秧歌小队闹春阳，毂击肩摩不暇狂。人说太平行乐地，更须千步筑球场。"

扭秧歌是主要在中国北方地区流行的一种歌舞活

动，由于地域和习俗的不同，各地秧歌也存在一些差异，从而形成不同特色的秧歌表演，其中较具代表性的有东北秧歌、陕北秧歌、河北秧歌、山东秧歌等等。东北秧歌的特点是泼辣、风趣，扭秧歌时既可徒步，也可踩高跷，歌唱则以小曲为主；河北秧歌以扇舞技巧见长，且多以演唱秧歌剧为主；山东秧歌则具扭动幅度大、动作舒展柔软等特点……虽然各地秧歌有各自不同的特点，但它们在主要的表演形式上却是一致的，这种一致主要反映在这样几个方面。一是扭动的姿势相似，扭秧歌者多是踩着鼓点，左手执绸，右手执扇，左

…描绘扭秧歌活动的民间绘画

右扭动身体。二是边扭边唱，或唱有地方特色的小调，或唱传统戏曲中的一些内容，或唱一些自编的带有吉祥祝福内容的歌曲。三是都会扮演一些历史故事或神话传说中的人物。四是都采用大场和小场相结合的表演形式。所谓大场，即多人一起表演的集体扭秧歌；所谓小场，是由两三个人表演的带有一定情节的秧歌。通常开始和结尾为大场，小场则穿插在中间。由此可见，扭秧歌的内容和形式是极为丰富多彩的。

…现代东北大秧歌表演队

在我国扭秧歌活动的历史上，20世纪40年代是一个重要的时期。那时，中国共产党在陕北建立了巩固的根据地，并开始倡导新秧歌运动，许多著名的文艺工作者都参与其中，从而创作出了不少内容新颖的新秧歌节目，如《兄妹开荒》、《夫妻识字》等等。1949年以后，新秧歌运动又普及到了全国各地。从此，不光是传统节日，只要碰上各种庆祝集会活动，就会有扭秧歌表演。而且，扭秧歌还从一种民间艺术形式步入了专业艺术的殿堂，一些专业歌舞团体甚至把扭秧歌作为自己的保留节目，不仅在国内，而且在国际舞台上演出，深受人们的欢迎。

…现代城市公园中自发的扭秧歌活动

六、跑旱船

◎跑旱船又称采莲船、旱划船，是一种在陆地上模仿水中划船情形的表演活动。通常以竹、木或秫秸秆扎成船的形状，在外面蒙上绸布，在绸布上再装饰上各种图案或写上吉祥的语句。有的旱船还有顶篷，上扎绸彩，煞是好看。旱船长的有3米多，短的也有1米多。旱船表演时，表演者站在船的中央，用带子把旱船捆在自己的腰间，这样，随着表演者的跑动，船便在陆地上移动起来。因为旱船在陆地上的这种移动是靠人跑动造成的，所以称为跑旱船。

…清代《北京民间风俗百图》中的跑旱船图

…描绘跑旱船表演的民间绘画

关于跑旱船的起源，据《湖广志》称，它是战国时期与赛龙舟的活动同时产生的。战国晚期，楚地一带的民众为了纪念屈原，每到端午节，就会举行盛大的龙舟竞渡活动。然而，云梦县一带因为河水太浅，无法搞龙舟竞渡，但当地的民众又想参与这一活动，于是便想出了一种在陆地上搞龙舟竞渡的办法，从而形成了跑旱船这种活动形式。

跑旱船有多种表演形式，常见的是一女子“坐”在船中间，边上由一个男子扮演成她的父亲或丈夫，两人一问一答，或一同唱曲，所唱的多为传统戏曲中的内容。与此同时，他们还会表演各种动作，或表演在风平浪静的水面上轻轻悠荡，或表演遇到狂风暴雨时的惊险激烈。在一些重要的庆祝场合，则会有几只甚至几十只旱船同时表演，场面宏大，热闹之极。

到今天，跑旱船仍是民间庙会和传统节日里经常表演的节目，它常常与秧歌队、高跷队、舞狮队等一起表演，成为中华民族节庆活动中的一道独特的风景。

七、踩高跷

◎在一根长长的木棍上，装上脚踏板，便成了一支高跷；人们把脚分别踩在两支高跷的脚踏板上，再把高跷绑在腿上，利用高跷行走并做各种动作，就称为踩高跷。踩高跷在宋代称为踏跷，在唐以前则称为长跷伎。

关于高跷的产生，晋人郭璞认为是受了《山海经》中关于长股国的记述的启发："（长股之国）或曰有乔国，今伎家乔人，盖象此身。"中国人踩高跷有很长的历史，早在《列子·说符》中就有这方面的记载："宋

…描绘踩高跷表演的杨柳青年画

有蓝子者，以技干宋元，宋元召而使见其技。以双枝长倍其身，属其胫，并趋并驰，弄七剑，迭而跃之，五剑常在空中。元君大惊，立赐金帛。”蓝子踩着比他的身子高两倍的高跷，不但能轻松自如地跳跃，还能玩飞剑的游戏，无疑是一位踩高跷的高手。

魏晋南北朝时期，踩高跷主要是作为一种杂技项目而在宫中表演的，如据《魏书·乐志》载：“(天兴)六年冬，诏太乐、总章、鼓吹，增修杂伎……长跷、缘橦、跳丸、五案以备百戏，大飨设之于殿庭，如汉晋之旧也。”至宋元以后，踩高跷活动才开始在民间普及开来。

民间的高跷表演，通常在春节、重阳登高等传统节日时进行。为了使高跷表演更具吸引力，人们常把传统戏曲如《白蛇传》、《桃园结义》等与踩高跷技术相结合，既充实了高跷表演的内容，又给传统戏曲赋予了新的形式，因此深受观众的欢迎。而且，有人还根据高跷表演的特点，把高跷分为文跷与武跷两种。所谓文跷，就是以扮演戏曲中的角色为主，诸如《西游记》中的唐僧师徒，《白蛇传》中的许仙、白娘子等；所谓武跷，则以表演高跷绝技如腾空跳跃、大翻飞等等为主，

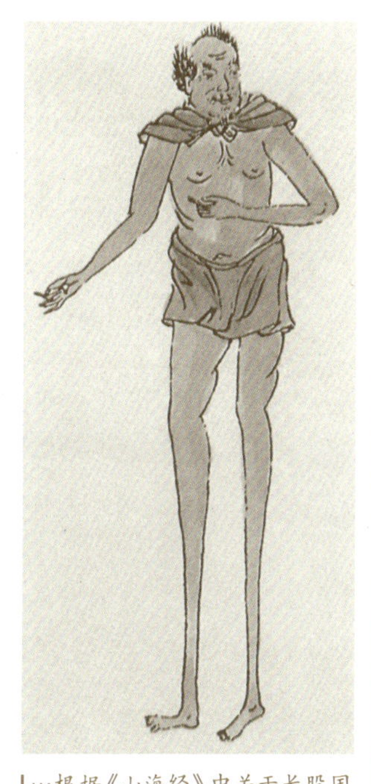

…根据《山海经》中关于长股国的介绍而绘制的长股国人的形状，选自《中华古文明大图集》

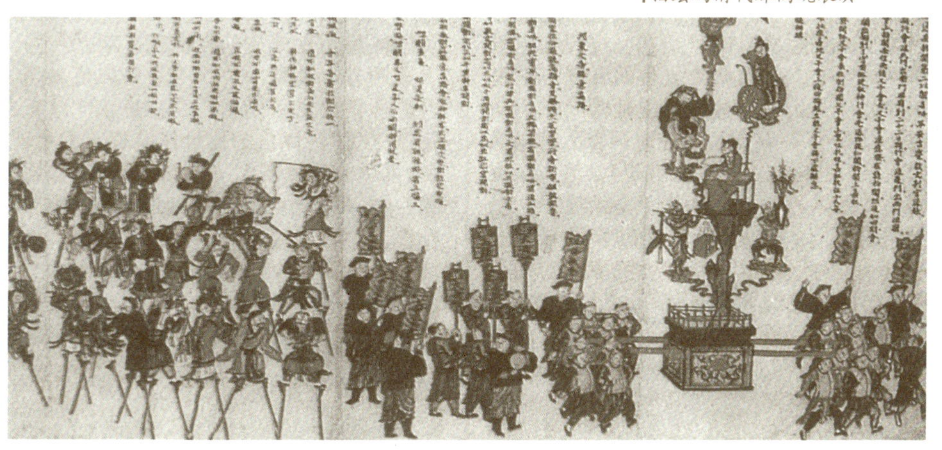

…清代绘画《天后宫过会图》中描绘的清代踩高跷表演

最能反映踩高跷活动的特色。

踩高跷是一项极具生命力的活动，即使在今天，每当欢庆传统佳节之时，都会在各种庙会、演出中看到高跷队的身影。可以说，踩高跷与耍龙灯、舞狮子、扭秧歌一样，已经成为中华民族文化的一个重要象征。

…清代《北京民间风俗百图》中的高跷会图

…现代节庆活动中的踩高跷表演

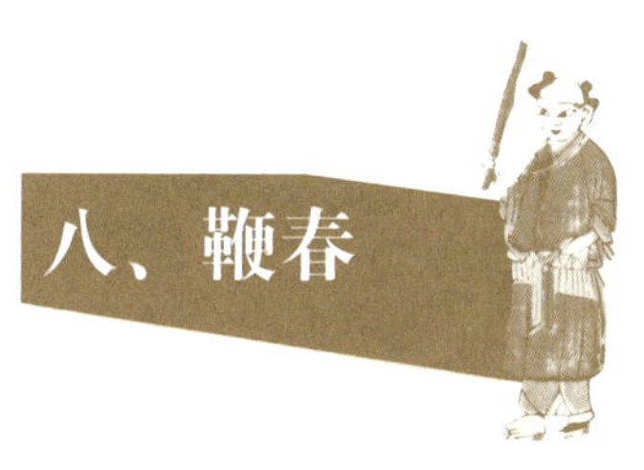

八、鞭春

◎鞭春即鞭打春牛。中国古代以农业立国，牛在农业生产中有不可或缺的作用，故古人以在立春前一日鞭打春牛这种方式，来提示人们农闲已过，春耕大忙季节即将开始。不过，鞭春时所用的牛并非真牛，而是用泥土塑成的牛。

…清代吴友如等绘《点石斋画报》中的梦书祭春牛文图，从一个侧面反映了宋代的祭春牛习俗

在中国历史上，鞭春仪式通常由官府主持，据宋代孟元老的《东京梦华录》载："立春前一日……开封、祥府两县，置春牛于府前。至日绝早，府僚打春。"但是，官府主持的鞭春仪式单调乏味，不如民间的鞭春活动热闹、激烈，且具可观赏性。据《皇城岁时杂记》称，与官府主持的鞭春仪式同时，民间也会举行鞭春活动。届时，人们买来土制的小春牛，在热闹的秧歌舞等演出活动结束后，主持人便开始用鞭子抽打春牛。等到鞭打春牛一结束，围观的百姓便会一哄而上，拼命争抢春牛身上的土和藏在春牛肚腹中的五谷。因为据说如果抢到牛身上的土，养蚕便会丰产；抢到牛角上的土，庄稼便会丰收；抢到牛腹中的五谷，则预示着五谷

…描绘鞭打春牛情形的民间绘画

丰登……正是由于这种特殊的信仰，人们在争抢时，往往使出全力，且不惜毁伤身体。这样，鞭春活动便很自然地演变为一场人们之间力的较量，没有好的体力和身手的人，便会成为鞭春活动中的失败者。

目前中国各地已无鞭春这一做法。另外，关于鞭春活动的具体起止时间，亦已无法确考。

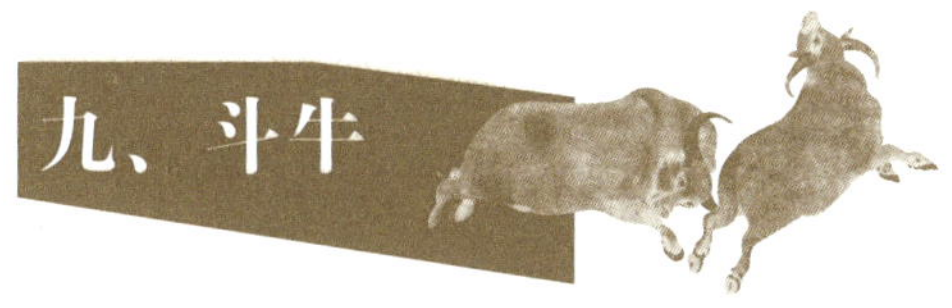

九、斗牛

◎牛是一种威猛、强壮的动物，尤其是水牛，皮糙肉厚，四肢粗壮，长着一对又长又尖的犄角，极具攻击力。因此，水牛之间常常会因为争抢食物等因素而发生争斗。水牛争斗时，或用犄角猛触对方的身体，或四角相抵，互不相让，以致争斗双方最终都伤痕累累，甚至鲜血淋漓。因为水牛是农家耕地时必不可少的动物，因此，当水牛相斗时，主人便会想方设法把两头牛拆散开来。正是在这样的过程中，发展出了一种特殊的体育娱乐活动：斗牛。

斗牛有人与牛斗和牛与牛斗两种形式。从历史记载来看，最早的斗牛活动是人与牛相斗。据宋代李昉的《太平广记》载，斗牛源于秦昭王时蜀郡郡守李冰杀蛟之事："李冰为蜀郡守，有蛟岁暴，漂垫相望，冰乃入水戮蛟。己为牛形，江神龙跃，冰不胜。及出，选卒之勇者数百，持强弓大箭，约曰：'吾前者为牛，今江神必亦为牛矣。我以太白练自束以辨，汝当杀其无记者。'遂吼呼而入。须臾雷风大起，天地一色。稍定，有二牛斗于上，公练甚长白。武士乃齐射其神，遂毙。从此蜀人不复为水所病……故春冬设有斗牛之戏。"这当然是一则神话传说。不过，从这则记载来看，当时的斗牛活动是为了纪念李冰除蛟之事的。

…唐代戴嵩的《斗牛图》中描绘的两头正在争斗的牛

关于人与牛相斗的情形，在汉代的南阳画像石中有形象的描绘，场面极为惊险激烈。这说明，至少在汉

…河南禹县出土的汉代斗牛画像石

代，仍有人与牛相斗的活动。

自汉末以后，牛与牛相斗开始成为斗牛活动的主流。据传，诸葛亮在苗乡时，曾看到苗民围观两牛相斗的情形。他甚至鼓励当地的苗民要多开展斗牛活动，以增添生活的乐趣。另据谈迁的《北游录》记载，在明末清初时，浙江金华一带盛行斗牛活动："金华近例，正月，乡人买健牛，各赴场相角决胜负。至群殴，不能禁。"金华的斗牛活动有一定的规则和程序，包括挑选斗牛、确定裁判、发放奖品等。而且，当两头牛斗得难分难解且一方已显败迹时，为了防止牛出现重大的伤残，会有一群年轻力壮的拆手上前把牛拆开，这就不仅仅是牛与牛相斗，还掺进了人与牛角力的因素。

清人陈其元的《庸闲斋笔记》中，专门描绘了斗牛结束时得胜的牛主志得意满的神情："斗胜之家，张筵款客，高朋满座。主人轩眉攘臂，矜其牛之能，曰彼之角如何来，我之角如何往；彼如何攻坚，我如何蹈瑕；我意彼必从是出，而彼竟不料我从此出也。言之津津，几忘乎我之为牛，牛之为我焉。"

至民国时期，斗牛活动仍在不少地方流行。据胡朴安的《中华全国风俗志》载，当时，湖北的武昌一带流行斗牛活动，而且斗牛的目的只是为了争胜，不设奖品，反映了当地的民风特点：“男子喜争哄，酷嗜斗牛，虽三尺童子亦习之。……斗牛者，锐牛角，培牛力，不遍身浴血不休。不博彩，不偿伤，唯胜者矜荣一乡，负者另图洗辱。”

时至今日，除了浙江金华仍有斗牛活动，斗牛已成为主要在苗族、侗族、布依族等少数民族中流行的一项活动。从世界范围来看，目前西班牙斗牛在国际上有很大的影响。西班牙斗牛是人与牛即斗牛士与牛之间的较量，斗牛士先用一块红布把牛激怒，经过一番紧张激烈的周旋后，再用剑将牛杀死。

…明代《三才图会》中的斗牛图

…绘于明代的《斗牛图》

十、踏歌

◎踏歌是一种群体性的歌舞活动，通常有多人参加，人们手拉着手，以足踏地为节拍，边歌边舞，颇具某种踢踏舞的味道。

踏歌活动源于汉代，在《后汉书·东夷列传》中，即有“昼夜酒会，群聚歌舞，舞辄数十人相随，蹋地为节”的记载。另在晋代葛洪的《西京杂记》中，也有关于汉代宫女在“十月十五日……相与联臂踏地为节，歌《赤凤凰来》”的记载。

踏歌活动在唐代极为普及，尤其是在宫廷中，出现

…描绘云南少数民族踏歌情形的清代壁画

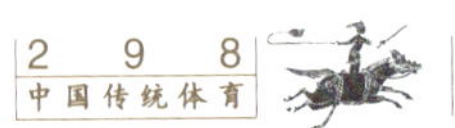

了名为缭踏歌、踏金莲、踏歌辞的活动，它们是对传统踏歌活动加以改造而成的。据史载，唐玄宗先天二年（713年）的元宵节，朝廷在安福门外举行了盛大的踏歌舞会，现场竖起了高达20丈的灯轮，上燃5万盏灯，有数千名妇女参加，可谓盛况空前。关于唐代踏歌活动的情况，刘禹锡的名为《踏歌行》的诗中有“春江月出大堤平，堤上女儿连袂行”、“新词宛转递相传，振袖倾鬟风露前”之句，用“连袂”、“新词宛转”、“振袖倾鬟”等词形象地勾画了踏歌活动的特点。

…宋代马远的《踏歌图》(局部)

唐代的踏歌活动甚至传到了日本。据记载，公元674年，日本的宫廷中就曾举行过踏歌活动。在日本目前流行的一些民族舞蹈如歌垣、盆踊等中，仍可看到踏歌的痕迹。

宋代的踏歌活动也很盛行，当时每逢元宵节、中秋节，都会举行踏歌活动。北宋宋徽宗时成书的《宣和画谱》中为我们记述了中秋节踏歌的情形：“中秋夜，妇女相持踏歌，婆娑月影中。”而在宋代马远的《踏歌图》中，则为我们描绘了当时踏歌活动的另一种情趣：在蜿蜒的山道上，数位老人正在踏歌起舞，他们神情专注，一副自得其乐的样子。宋代的宁宗皇帝甚至专为《踏歌图》题写了这样的诗句：“宿雨清畿甸，朝阳丽帝城，丰年人乐业，垄上踏歌行。”可谓恰到好处。

…绘于清代的《台湾风俗图》中的台湾人踏歌图

现在，在我国西南地区流行的一些少数民族舞蹈如跳脚、打跳、阿哩哩等，都可看作古代踏歌活动的遗存或变种。

十一、耍幡

◎耍幡也称耍中幡，中幡以一根碗口粗、长达数丈的竹竿制成，竿顶插有几面小旗，竿身上挂着一幅长长的绸缎，上绣祝福之词；在绸缎的四周，则装饰有各种彩带和铃铛。耍幡时，表演者用头、牙、鼻、肩、手、肘等各个部位托举此幡，让它绕着自己的周身转动。有时则猛然把幡抛向空中，再用身体的不同部位把它接住。因为幡身粗大，加上有各种彩带和铃铛的点缀，因此，当幡被耍动时，巨幡左右旋舞，空中猎猎作响，加上铃声成串，煞是壮观。

…清代吴友如等绘《点石斋画报》中的出人头地图，图中右侧为正在行走中的持幡者

耍幡与汉代开始盛行的爬竿活动存在渊源关系。当时的爬竿表演，通常是一人用头或口齿顶一根几丈长的竿，竿上有轻捷的人表演杂技。有时也会只表演用头或口齿顶竿，而没有人在竿上表演，这种表演，便是耍幡的前身。

根据有关资料，至迟在魏晋南北朝时，已有了正式的耍幡表演。如据《南齐书·东昏侯纪》记载："帝（指东昏侯萧宝卷）有膂力，能担白虎橦，自制杂色锦伎衣，缀以金花玉镜众宝，逞诸意态。"这里的白虎橦，当是一种与中幡一样的东西。

…绘于清代的《万寿山过会图》(局部)中的耍幡表演

耍幡表演在清代较为盛行，且表演者多为一些街头艺人。现在，在一些春节庙会上，人们仍能看到耍幡者矫健的身影。耍幡是一项较具技术难度的活动，因为中幡通常有数十斤重，3丈高，却只能凭额、齿、肘等部位来使它保持直立不倒；尤其是舞动时的抛接转换，若非体健力猛且训练有素者，是很难做到的。

附录一

简明中国历史朝代公元对照表

朝代			年代
五帝			约前30世纪初—约前21世纪初
夏			前2070—前1600
商			前1600—前1046
周	西周		前1046—前771
周	东周	春秋时代	前770—前476
周	东周	战国时代	前475—前221
秦			前221—前206
汉	西汉		前206—公元25（包括王莽[9–23]和更始帝[23–25]）
汉	东汉		25—220

朝代			年代
三国	魏		220—265
三国	蜀汉		221—263
三国	吴		222—280
晋	西晋		265—317
晋	东晋		317—420
南北朝	南朝	宋	420—479
南北朝	南朝	齐	479—502
南北朝	南朝	梁	502—557
南北朝	南朝	陈	557—589
南北朝	北朝	北魏	386—534

南北朝	北朝	东魏	534—550
		北齐	550—577
		西魏	535—556
		北周	557—581
隋	581—618		
唐	618—907		
五代十国	后梁	907—923	
	后唐	923—936	
	后晋	936—947	
	后汉	947—950	

五代十国	后周	951—960
	十国	902—979
宋	北宋	960—1127
	南宋	1127—1279
辽	907—1125	
金	1115—1234	
元	1206—1368	
明	1368—1644	
清	1616—1911	
中华民国	1912—1949	

附录二

主要参考文献

管　仲…《管子》

左丘明…《左传》

…《吴子》(作者不详，暂空)

…《穆天子传》

庄　周…《庄子》

…《晏子春秋》

…《周礼》

…《战国策》

…《列子》

…《六韬》

…《山海经》

…《礼记》

刘　向…《别录》

刘　向…《说苑》

张　衡…《西京赋》

应　劭…《风俗通义》

赵　晔…《吴越春秋》

曹　丕…《典论》

曹　植…《名都篇》

邯郸淳…《艺经》

皇甫谧…《逸士传》

傅　玄…《正都赋》

张　华…《博物志》

葛　洪…《西京杂记》

陶弘景…《养性延命录》

吴　均…《续齐谐记》

任　昉…《述异记》

宗　懔…《荆楚岁时记》

欧阳询等辑…《艺文类聚》

虞世南…《北堂书钞》

道　宣…《续高僧传》

张　鷟…《朝野佥载》

封　演…《封氏闻见记》

李　筌…《太白阴经》

李　肇…《国史补》

薛用弱…《集异记》

段成式…《酉阳杂俎》

赵　璘…《因话录》

郑处诲…《明皇杂录》

李　绰…《秦中岁时记》

王定保…《唐摭言》

王仁裕…《开元天宝遗事》

调露子…《角力记》

李　昉…《太平御览》

李　昉…《太平广记》

曾公亮…《武经总要》

司马光…《资治通鉴》

司马光…《投壶新格》

沈　括…《梦溪笔谈》
王　谠…《唐语林》
…《宣和画谱》
洪　迈…《夷坚志》
孟元老…《东京梦华录》
洪　遵…《谱双》
吴自牧…《梦粱录》
周　密…《武林旧事》
高　承…《事物纪原》
张　拟…《棋经》
…《蹴鞠谱》
马端临…《文献通考》
陶宗仪…《南村辍耕录》
…《丸经》
熊自得…《析津志》
林　坤…《诚斋杂记》

施耐庵…《水浒传》
汪　禔…《投壶仪节》
俞大猷…《剑经》
吴承恩…《西游记》
戚继光…《纪效新书》
王圻，王思义…《三才图会》
高　濂…《遵生八笺》
王　圻…《续文献通考》
陈继儒…《太平清话》
胡震亨…《唐音癸签》
刘若愚…《明宫史》
沈　榜…《宛署杂记》
谢肇淛…《五杂俎》
兰陵笑笑生…《金瓶梅》
刘侗，于奕…《帝京景物略》
宋应星…《天工开物》

张　岱…《陶庵梦忆》
吴　殳…《手臂录》
陈梦雷辑…《古今图书集成》
曹雪芹…《红楼梦》
潘荣陛…《帝京岁时纪胜》
朱筠等…《日下旧闻考》
吴振棫…《养吉斋丛录》
吴友如等…《点石斋画报》
李虹若…《朝市丛载》
富察敦崇…《燕京岁时记》
徐　珂…《清稗类钞》
曼殊震钧…《天咫偶闻》
谭俊川…《翔羚指南》
胡朴安…《中华全国风俗志》
孙禄堂…《八卦拳学》

《二十四史》…北京:中华书局

萧涤非等撰…《唐诗鉴赏词典》…上海:上海辞书出版社,1983

缪钺等撰…《宋诗鉴赏词典》…上海:上海辞书出版社,1987

中国美术全集编委会编…《中国美术全集·绘画编》…上海:上海人民美术出版社,1988

中国风俗大辞典编委会编…《中国风俗大辞典》…北京:中国和平出版社,1991

盛琦,丁志明编著…《中国体育风俗》…天津:天津人民出版社,1992

陈允鹤编…《中国历代艺术·绘画编》…北京:人民美术出版社,1994

李中岳等编…《中国历代艺术·工艺美术编》…北京:文物出版社,1994

王伯敏主编…《中国少数民族美术史》…福州:福建美术出版社,1995

国家文物局主编…《中国文物精华大辞典·金银玉石卷》…上海:上海辞书出版社;香港:商务印书馆,1996

捷人,卫海编…《中国美术图典》…海南:海南国际新闻出版中心,1996

成寅编…《中国神仙画像集》…上海:上海古籍出版社,1996

刘峻骧…《东方人体文化》…上海:上海文艺出版社,1996

陈振鹏,章培恒主编…《古文鉴赏词典》…上海:上海辞书出版社,1997

刘昕主编…《中国古版画》…长沙:湖南美术出版社,1998

《中国历代仕女画集》…天津:天津人民美术出版社;石家庄:河北教育出版社,1998

《中国武术百科全书》…北京:中国大百科全书出版社,1998

黄时鉴,沙进编著…《十九世纪中国市井风情》…上海:上海古籍出版社,1999

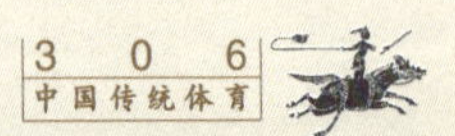

刘见，韩祖音编著…《中国杨柳青木版年画选》…天津：天津杨柳青画社，1999

刘清黎等主编…《体育五千年》…长春：吉林人民出版社，2000

王朝闻总主编…《中国美术史》…济南：齐鲁书社；北京：明天出版社，2000

崔乐泉…《中国古代体育文物图录》…北京：中华书局，2000

赵庆伟，朱华忠…《游戏风情》…武汉：湖北教育出版社，2001

《中国体育百科全书》…北京：人民体育出版社，2001

《汉宫春晓图》…天津：天津人民美术出版社，2001

张德福主编…《中国古代体育史话》…北京：北京师范大学出版社，2001

朱诚如主编…《清史图典》…北京：紫禁城出版社，2002

《中国民间美术全集·绘画》…长春：吉林美术出版社，2002

白云…《中国老广告》…台海出版社，2003

《北京民间风俗百图》…北京：北京图书馆出版社，2003

刘秉果…《插图本中国体育史》…上海：上海古籍出版社，2003

郭泮溪主编…《杂艺》…济南：山东友谊出版社，2004

刘秉果等编著…《蹴鞠——世界最古老的足球》…北京：中华书局，2004

《戏曲年画与脸谱》…天津：天津人民美术出版社，2004

王红旗编著…《中国古代百将图说》…北京：人民美术出版社，2004

谷世权编著…《中国体育史》…北京体育大学出版社，2004

图书在版编目（CIP）数据

中国传统体育（彩图普及版）／冯国超著．—北京：首都师范大学出版社，2007.1
ISBN 978-7-81119-020-5

Ⅰ.中… Ⅱ.冯… Ⅲ.体育—文化—中国—图解 Ⅳ.G80-05

中国版本图书馆 CIP 数据核字（2006）第 163281 号

中国传统体育

ZHONGGUO CHUANTONG TIYU

冯国超／著

责任编辑 王红梅 张成水
责任校对 王亚利
设计制作 张朋
出版发行 首都师范大学出版社
地 址 北京西三环北路 105 号
邮 编 100037
电 话 68418523（总编室） 68982468（发行部）
网 址 cnuph.com.cn
E-mail master@cnuph.com.cn
印 刷 北京嘉实印刷有限公司
发 行 全国新华书店发行
版 次 2007 年 4 月第 1 版
书 号 ISBN 978-7-81119-020-5
开 本 787mm × 1092mm 1/16
印 张 20.25
字 数 320 千
定 价 36.00 元